Haus aus Zeit

Wilhelm Salber 1928 – 2016

Gesamtgestaltung: Sanna Nübold, Köln
Druck- und Verarbeitung: CPI-Books GmbH, Leck

ISBN 978-3-416-04022-8

Haus aus Zeit

Wilhelm Salber 1928 – 2016

Herausgegeben von Daniel Salber

Bouvier Verlag

Inhaltsverzeichnis

Vorwort

Manchmal wundere ich mich über Menschen, die den Mut haben, aus der Zeit, aus dem Zeitgenössischen zu fallen. Wilhelm Salber war von dieser Art. Kein Rudeltier.
Ähnlich „daneben“ Gegangene haben ihn deshalb gewählt, manche und mancher sogar geliebt. Ich auch.

Freiheit ist das Stichwort. Befreiung von unbefragt gültig Seinsollendem. Raum für Entdeckung, Belebung und Ausarbeitung eines eigenen Entwurfs.
Salbers Morphologie fungiert dabei als Schnittmuster, an dem man sich orientieren kann. Mit disziplinierter Sensibilität lässt sich aus dem Entwurf eines anderen eigenes Leben schneidern.
Keine Kleinigkeit. Immerhin ging es Salber um eine Revolution der Denkungsart. Die Quadratur des Kreises von Alltag, Kunst und Wissenschaft sollte gelingen. In den Blick rückten Paradoxien von Traum und Tag, Sein und Werden, Leben und Tod.
Was ihn nicht zur Tiefsinnforschung verführte, sondern zu neugieriger Betrachtung alltäglicher Bühnenbilder.
Welche Faszination davon ausging, belegen die in diesem Erinnerungsbuch versammelten Rückblicke. Zeugnisse von Gemeinsamkeit und Einsamkeit.

Linde Salber

Köln, den 10. Oktober 2017

Mit Kölsch in die Semesterferien: Wilhelm Salber mit Studenten auf der Wiese hinter dem Psychologischen Institut, Ende der 1960er Jahre.

Meine dritte Reifeprüfung

Yizhak Ahren

Mit Prof. Wilhelm Salber habe ich erstmals im Jahre 1968 geredet. Ich sah ihn auf der Straße vor dem Psychologischen Institut und sprach ihn an. Ich weiß noch genau, worum es damals ging. Am Vortag war seine Vorlesung bestreikt worden; statt des Dozenten sprachen Studierende und kritisierten diverse Aspekte des Uni-Betriebes. Auch ich ging zum Rednerpult und versuchte zu erklären, warum in meinen Augen ein „Vorlesungsstreik" kontraproduktiv sei. Unseren Lehrer, Salber, kritisierte ich, weil er nicht zu seiner Vorlesung erschienen war. Meine Ausführungen haben vielen Kommilitonen offensichtlich nicht gefallen, denn sie haben mich laut ausgepfiffen. Am folgenden Tag trug ich auf der Straße Salber vor, was ich auf der Studentenversammlung gesagt hatte. Mit ernster Miene erwiderte er: „Jemand hat mir bereits davon berichtet, dass ein Student mein Nichterscheinen beanstandete. Kommen Sie bitte mit mir."

Schweigend sind wir dann die vielen Stufen zu seinem Zimmer im dritten Stock gestiegen. Unterwegs ging mir die Überlegung durch den Kopf: Will Salber dir jetzt mitteilen, dass du bei ihm die Prüfung nicht ablegen wirst? Kann er dir wegen einer kritischen Bemerkung irgendwelche Hindernisse in den Weg legen? Zu meiner Überraschung stellte sich jedoch heraus, dass ich die Situation völlig falsch eingeschätzt hatte. Salber erklärte mir: „Ich teile Ihre Meinung – aber eine Diskussion mit den Streikenden wäre sinnlos gewesen. Man hätte mich genauso ausgepfiffen, wie es Ihnen ergangen ist." Und dann haben wir darüber gesprochen, wie die Entwicklung der Protestbewegung weitergehen könnte. Dass der Institutsdirektor sich mit einem ihm unbekannten Studenten beriet, der erst kürzlich das Abitur abgelegt hatte, beeindruckte mich zutiefst.

Der eben geschilderten ersten Unterredung folgten in den nächsten 48 Jahren unzählige weitere Gespräche. Der letzte Austausch fand wenige Tage vor seinem Ableben in seiner Wohnung statt. Meine Frau hat ihn bei dieser Gelegenheit in der Küche fotografiert, als er für uns Tee und Kaffee zubereitete. An diesem Nachmittag haben wir, wie bei unseren Besuchen üblich, über alle möglichen Themen gesprochen, nicht nur über die Lage der deutschen Psychologie und die Zukunft der Morphologie. Zum Abschied schenkte er uns die vor kurzem erschienene „Lachgeschichte". Beim ersten Durchblättern fiel mir die Widmung auf: „Für Thea Salber". Neugierig fragte ich: „Wer ist das?" Salbers Antwort: „Meine kleine Enkelin: Thea soll, wenn sie alt genug ist zu verstehen, durch diese Dedikation erfahren, dass ihr Grossvater liebevoll an sie gedacht hat."

Die Beziehungen zu meinem Lehrer Wilhelm Salber wurden im Laufe der vielen Jahre enger und herzlicher. Einmal bemerkte er: „So wie wir jetzt miteinander sprechen, konnte ich seinerzeit mit meinem Lehrer Erich Rothacker nicht reden."

Dass Salber meine Arbeit schätzte und in den letzten Jahren sogar bereit war, einige kleine Artikel für die Zeitschrift „anders“ mit mir zusammen zu schreiben, hat mich glücklich gemacht.

Wie Salber mir während des Studiums half, ein zünftiger Morphologe zu werden, will ich im Folgenden erzählen. Zu meiner Studienzeit mussten Psychologie-Studenten eine Vordiplom-Arbeit schreiben. (Später wurde diese durch eine Diplom-Arbeit ersetzt; diese Änderung der Prüfungsordnung hielt Salber, wie er mehrfach erklärte, für nicht sinnvoll, musste sie aber akzeptieren.) Studierende in Köln konnten entscheiden, ob sie diese Prüfungsarbeit am Institut von Prof. Undeutsch oder am Institut von Prof. Salber schreiben wollten. Offiziell war von einer „Sechswochenarbeit“ die Rede; aber es hatte sich unter den Studierenden herumgesprochen, dass man für eine morphologische Untersuchung ungefähr sechs Monate brauche. Daher entschied ich mich, meine Arbeit bei Dr. Kroj, einem Assistenten von Undeutsch, zu schreiben. In zwei Monaten war die korrelationsstatistische Untersuchung fertiggestellt. Ich musste u.a. zwei Statistikbücher studieren und wusste danach, dass diese Art von Psychologie mir nicht zusagte.

Salbers Vorlesungen und Seminare fand ich stets anregend und interessant. Weil ich gerne Spielfilme sah, habe ich an seinem Filmkolloquium am Mittwochabend teilgenommen und fleißig Erlebensprotokolle geschrieben. Als dann das

Buch „Film und Sexualität" (1970) erschien, musste ich jedoch erkennen, dass ich zahlreiche Passagen nicht richtig verstand. Ich benötigte „Nachhilfeunterricht" und bekam solche Stunden von den Assistenten Jürgen Hardt und Norbert Endres und ab und zu auch vom Autor, der mir dunkle Stellen stets rasch erhellen konnte.

Allmählich begriff ich das Konzept der Psychologischen Morphologie, aber noch immer traute ich mir nicht zu, eine morphologische Arbeit selbständig durchzuführen. Ich hatte die Vorlesungen über die Charakterentwicklung gehört und das 1969 publizierte Buch gleichen Namens gelesen, aber die zwei Klausuren im Fach Charakterlehre schrieb ich doch im Institut von Prof. Undeutsch; die dort geforderte Arbeit erschien mir weniger mühsam, der Erfolg zudem sicherer.

Als die Diplom-Prüfung in greifbare Nähe rückte, machte ich mir viele Gedanken über die Zeit danach. Das Zeugnis würde mir die Annahme einer Stelle ermöglichen, aber ich fühlte mich noch nicht reif für die Arbeitswelt. Von einer Fortsetzung des Studiums erhoffte ich mir eine persönliche Weiterentwicklung.

Deshalb ging ich im Frühjahr 1971 in Salbers Sprechstunde und fragte ihn, ob es in Frage käme, dass ich nach bestandener Diplom-Prüfung unter seiner Ägide eine Doktorarbeit schreiben könnte. Er meinte, ich hätte in seinen Seminaren gut mitgearbeitet und daher ließe sich darüber reden. Ob

Musketiere der Morphologie – gezeichnet von W. Salber, 2016.

ich ein bestimmtes Thema im Sinn hätte, wollte er wissen. Meine Antwort lautete, dass ich gerne über Determinismus und Überdeterminierung bei Sigmund Freud schreiben würde. Salber sagte sofort: „Da haben Sie wirklich eine interessante Fragestellung gefunden. Aber ich würde Ihnen davon abraten, dieses Thema zu bearbeiten." – Warum? „Weil Sie zehn Jahre an dieser Dissertation sitzen werden! Machen Sie lieber irgendeine empirische Untersuchung; da werden Sie in einem Bruchteil der Zeit fertig." Bestärkt hat mich Salber in dem Wunsch, weiter zu studieren; für seinen pragmatischen Vorschlag konnte ich mich jedoch nicht begeistern.

Die Sommerferien 1971 verbrachte ich in den USA. Bei einem internationalen Studententreffen in Zieglerville bei Philadelphia erfuhr ich von der Existenz einer amerikanisch-jüdischen Gegenkultur. Dieses exotische Phänomen war mir ganz neu, und ich war neugierig, mehr über die Lebensformen der „jüdischen Hippies" zu erfahren. Einige Gruppen dieser Alternativbewegung hatten sich in Kalifornien und an der Westküste profiliert; eine solche „Wirkungseinheit" näher kennenzulernen, erschien mir sehr reizvoll. Zurückgekehrt nach Köln, erzählte ich Salber von meiner neuen Idee, und er äußerte seine Zufriedenheit darüber, dass ich seinen Rat nun doch angenommen hätte.

Sobald die letzten Prüfungen zum Haupt-Diplom, die ich als meine zweite Reifeprüfung ansah, abgelegt waren, begann ich mit dem Dissertationsprojekt. Salber und der Soziologe

Prof. Erwin K. Scheuch haben diese Arbeit von Anfang an betreut. Ihren Gutachten verdanke ich das Stipendium, das ich im Rahmen der Graduiertenförderung erhielt. Wegen der Unflexibilität eines Verwaltungsangestellten im Genehmigungsverfahren musste Salber sogar drei Briefe schreiben; er ärgerte sich über den unverständigen Mann, gab jedoch nach, um die Bewilligung meiner Flugkarte nach Amerika nicht zu gefährden.

Bis zur Abreise nach Boston im Sommer 1973 habe ich auf Salbers Anraten in Köln eine kleine Voruntersuchung durchgeführt. Die Beobachtung einer Studentengruppe, die sich „Arbeitskreis Psychiatrie" nannte, bot die Gelegenheit, Salbers Theorie der Wirkungseinheiten auf dem Gebiet der Gruppendynamik anzuwenden und in dieser Erprobung auch einzuüben. Salbers Supervision half mir sehr, die Fragestellung für die Feldarbeit in Amerika zu präzisieren.

In Boston habe ich sechs Monate lang das viele Aktivitäten umfassende Geschehen in einer Gruppe, die sich „Havurat Shalom" nannte, sorgfältig beobachtet und protokolliert. Jedes der 19 Mitglieder dieser Gruppe und Gäste des Zentrums habe ich mindestens einmal ausführlich interviewt. Als ich die Tonbandaufzeichnungen transkribiert hatte, stellte ich fest, dass ungefähr 10.000 handgeschriebene Seiten vor mir lagen. Wer meine gedruckte Dissertation liest, ahnt nicht, welche Mühe mir die Aufbereitung des Materials bereitet hat. Das Funktionieren einer überaus komplexen Wirkungseinheit überschaubar und verständlich zu machen, ist ganz sicher keine leichte Aufgabe.

Mehr als einmal habe ich daran gedacht, „die Flinte ins Korn zu werfen". In schlaflosen Nächten bereute ich, das Projekt überhaupt begonnen zu haben. In besonders kritischen Phasen habe ich den Rat meines Doktorvaters gesucht, der stets ein offenes Ohr für mich hatte und mir wertvolle sachliche Hinweise gab. Ich erinnere mich an einen langen Spaziergang entlang des Kanals, der sich neben dem Psychologischen Institut befindet, in dessen Verlauf Salber mir erklärte, eine ernste Krise, wie ich sie gerade erlebe, sei beim Schreiben eines originellen Buches nicht ungewöhnlich. Seine Worte wirkten beruhigend auf mich, und ich habe das Projekt zu Ende geführt.

Als Salber das Manuskript der fertigen Dissertation gelesen hatte, bemerkte er, der Text gefalle ihm gut, aber die Absätze darin seien durchweg zu lang; große Blöcke sähen nicht gut aus. Überrascht fragte ich: „Was kann ich denn jetzt machen?" Da nahm er einen Bleistift in die Hand und teilte den ersten Absatz in zwei Absätze; aus einem längeren Absatz machte er sogar drei. Ich begriff das Prinzip. In unseren Tagen ließe sich ein solches Problem mit einem Mausklick lösen. Im Jahre 1975 jedoch musste das ganze Buch neu getippt werden. Meine damalige Schreibkraft hat über die „unnötige Plackerei" gestöhnt - aber für mich war die damalige Lektion sehr wichtig; ich versuche sie heute noch zu beachten.

Dass ich meine dritte und schwerste Reifeprüfung bestand, verdanke ich auch der kontinuierlichen Unterstützung Salbers. Um meiner Dankbarkeit Ausdruck zu geben, widmete ich meinem Lehrer zu seinem 50. Geburtstag eine Abhandlung, die aus der von ihm betreuten Dissertation erwachsen ist: „Buber und die amerikanisch-jüdische Gegenkultur" (Tribüne, Heft 66, 1978).

Als das Stipendium der Graduiertenförderung nach zwei Jahren endete, war meine Dissertation noch nicht abgeschlossen. Salber bot mir zu diesem Zeitpunkt eine Stelle als wissenschaftliche Hilfskraft an seinem Institut an. Ich nahm das Angebot dankend an und blieb auf diesem Posten, bis die Universitätsverwaltung nach etlichen Jahren einen Verlängerungsantrag des Institutsdirektors nicht mehr bewilligen wollte.

Die plötzliche Trennung vom anregenden Wissenschaftsbetrieb fiel mir schwer. Es blieb mir nichts übrig, als mich zu habilitieren, und zwar mit einer Studie über die Geschichte und Konstruktion der analytischen Kurzpsychotherapie, zu der Salber freundlicherweise ein „Vorwort" schrieb. Meine Rückkehr an das Psychologische Institut der Kölner Universität ist schon Teil einer anderen Geschichte, die ich jedoch hier nicht erzählen will.

Besuch von Yizhak Ahren in Köln-Müngersdorf am 23. November 2016. In der folgenden Nacht erlitt Salber den Schlaganfall, an dessen Folgen er am 2. Dezember verstarb.

Drollige Drehfiguren. Zeichnung von George Cruikshank aus Salbers Sammlung.

Eine Art Schutzengel
– ein persönlicher Dank an Wilhelm Salber

Katrin Mai

Mein Denken bewahrt vor zu einfacher Übernahme des schnell&gerne Gedachten und meine psychologische Haltung vor zu viel Harmoniesucht. Beschützt vor Orientierungslosigkeit im kulturellen Geschehen, das ist ganz wichtig, gerade im Moment. Abgehalten davon, zu früh mit dem Fragen auf zu hören.

Ein schützender Impuls – nie perfekt, immer da – den ich gesucht und nicht zuletzt in der morphologischen Denkweise gefunden habe.

P.S. Wer kommt schon auf die Idee,
Donald Trump als Totem zu verstehen?

Die „Morphologie“ (1965) legte das Fundament einer Psychologie, die von dem ausgeht, was sich zeigt, und wieder zum Sich-Zeigenden hin führt.

Ein Psychologe fürs Leben
Dirk Blothner

Als meine Familie Mitte der 1960er Jahre nach Köln zog, begann meine ältere Schwester ihr Studium der Psychologie. So entdeckte ich eines Tages Wilhelm Salbers grundlegendes Werk „Morphologie des seelischen Geschehens“ auf ihrem Schreibtisch. Ich war von dem rot-gelben Umschlag, dem schwarzen Mandala fasziniert. Ohne dass ich es damals hätte formulieren können, gab der Kreis mit den ineinander verschlungenen Linien einer Sehnsucht Form: die jugendliche Unruhe riss mich in ihre Spannungsfelder hinein, und das Cover des Buches, der Inhalt, auf den es verwies, versprach mir die Darlegung eines Zusammenhangs, der die Erfahrungen, die ich mit dem Leben machte, verständlich werden und zugleich bestehen ließ. Leider war ich noch zu jung, um Psychologie studieren zu können und sah auch nach dem Abitur meine Möglichkeiten in dieser Hinsicht durch einen jahrelang aufrechterhaltenen Aufnahmestopp eingeschränkt. Ich wendete mich der Literatur zu, studierte Germanistik und Sprachwissenschaften und verbrachte in den ersten Semestern manche Tage in der Bibliothek, wo ich die verrückten Reisen des Seelischen durch die Romane der Weltliteratur verfolgte.

Erst als mich ein Freund dazu aufforderte, mit in die Vorlesung von Professor Salber zu kommen, bekam meine Faszination für die Psychologie wieder Nahrung. In dem

Hörsaal am Albertus-Magnus-Platz strömten hunderte von Menschen allen Alters zusammen. Ich konnte erkennen, dass es sich dabei nicht nur um Studierende, sondern auch um Berufstätige, teilweise auch um Künstler aus Köln und Düsseldorf handelte. Alle freuten sich auf die fünfundvierzig Minuten, in denen Salber zunächst rekapitulierte, was er in der Vorlesung vorher dargelegt hatte, dann frei und flüssig seine Untersuchungen über das Seelische darlegte. Häufig wurden seine Worte mit Darstellungen der Kunst veranschaulicht. Zwei studentische Hilfskräfte standen bereit, ihm hierbei zu assistieren. Ein beeindruckender Auftritt das Ganze, mit der Entfaltung eines Bildes vom Seelischen, wie ich es noch nie gehört und gesehen hatte. Ich kann nicht sagen, dass ich intellektuell verstand, was dieser Mann dort vorne von sich gab, aber die Ahnung, dass er die Dinge ähnlich darstellte, wie ich sie unartikuliert empfand, stellte sich erneut ein. Am Ende der Vorlesung war es entschieden: hier – im pulsierenden Herzen der Psychologie – wollte ich bleiben.

Ich fand einen Weg, den Aufnahmestopp zu umgehen und erwarb mir damit den Zugang zu Salbers Mittelseminar. Bis auf den letzten Platz und darüber hinaus war der Hörsaal besetzt. Trotzdem stellte sich das Gefühl ein, Teil eines ausgerichteten Ganzen zu sein. Nicht nur von den Wortbeiträgen des gut gekleideten Professors her gesehen – sie hatten immer Hand und Fuß, Aufbau und Spannungsbogen – sondern auch aufgrund des durchgetakteten Ablaufs des Se-

(2) Kap. Kunst-Zwilling

[W] vom Zugängen / Entzügangen

a) Türme lieben + hassen

T) ent-wickeln lernen

(T) Entz.-Tagen wiederlegen

Goya mit 13 / Kant mit 18

Ku-Zwilling vom „ganzen" WE-Entz (unaufhebbar)

d) Kopisten im „Caliban" / Umzeichnen

Ali: Spiegelnde Erzähl / Moki I: Brechen des Spiegelns – durch Herstellen

Feinde an Karikaturen / Maßnahmen

Moki II: VW-Dreh Fugen

I: Klinkee-Zerstörung / Goethes Einsteins Dilettanten-Theorie / Dünnluft (Geist) / „Ektonie"

die ausdrückl. wieder gelangen

(Karikatur / was zu verweilen...)

Zwillingsbilds sind Schleifen

Ku-Spiegeln / Drehfugen

(2) Kap.: Die Drehung der Schraube

Entz. Q (WE) / VW-Zauber

meine Entz.-Bezwingen (Turmberg, Picasso)

Bezugnahmen des übergeben Schreitens für Betrachter Kunstgänge

) über G-Einatmen und Dehnen, Strecken, Ver- nicht herankommen

Drehfuge von [G] Erinnerung / VW Sorten / Verhältnisse → (4)

Erzählstopp und „Mehr" sagen-können (unausgesprochen) 4B

Meta Mal als Bildlogik

d) System? – brechen, Scheitern

Ku-Anhalt (G)

a) Türmes (Drehungen)

b) Goyas „Schwarze" (Vorbilder)

c) Zweiheiten – (Wirkungen sind eigentlich Entz.-Bild)

d) Kunst-Geleitsch(?) von Met... / Alte Kunst und neue ...

g) Herstellen darstellen

h) Karikatur im Ein...

e) Bilder-Bibeln

[Nicht (T) in Tag] / a) Bilder Bi... / b) Herstell...

c) Picasso und Karikatur (Anlauf: Blättern in Kant / Steinberg ...)

d) Schönes Durch...

Ku-Avantgarde nur neu, wenn Existenz / Existenz:

Bruchungen

(3) Kapitel Riß

Steinberg / Mal, Beuys / Spinx / „St. Katarina" / Heilige von Zugängen / und „G auf Reisen"

Pokemon-„viel"-Können / entwickeln / Erzählungen / Kapseln

Riß: Kante

G Brechen (Ursprünge) / = G = VW / = Gras: Andere / = [D] maßgeblich. Folge / Wirklichkeit = Werke [TF]

Seele von Ganzen = VW [Bilder in Bewegung]

[Seele] WE / a) zur Psyche von Z... [auch Kant] / und: in jedem / b) das „Schreibende" / Doppel... / Verstecken / c) Bilder in Bildern

Universales

minars: Einzug des Professors mit Mitarbeitern, Verlesung des Protokolls, Kommentierung des Protokolls, Ausblick auf die Lehrveranstaltung, Referat eines Studierenden mit Ergänzungen und Kommentaren des Professors, Diskussion und Ausblick auf das Seminar in der nächsten Woche. Als ich nach dem Vordiplom den Zugang zum privatissime Oberseminar erhielt, verstärkte sich dieser Eindruck, Teil eines Werkzusammenhangs zu sein. Weil hier nicht mehr als dreißig Studierende zugelassen waren, gab es sehr viel weniger Unruhe. Das von Wilhelm Salber gesteuerte Seminarwerk konnte sich ungestörter und vertiefter entfalten. Der im Oberseminar eingeübte, enorm weite Blick auf die Wirklichkeit, der sich zugleich um eine entschieden psychologische Haltung zentrierte, wirkt bis heute nach.

Und was das für ein Studieren war! Von heute aus gesehen nicht zu glauben, dass ich in der ganzen Zeit eine einzige Multiple-Choice-Klausur – in einem Nebenfach - schreiben musste. Die am Lehrstuhl Salbers erwarteten Leistungen verlangten mir die Darstellung eines seelischen Zusammenhangs in freien Texten ab. Und in diese Richtung organisierte sich der größte Teil des Studiums. Das selbständige psychologische Arbeiten wurde in Beschreibungs- und Interviewübungen, beim Verfassen von Protokollen, Referaten und kleinen Untersuchungen systematisch eingeübt. Heute ist mir klar, dass diese Art und Weise, das Studium auszurichten, den Gestaltungen des Seelischen tatsächlich entsprach. Wir erarbeiteten uns nicht nur psychologische

Theorien. Wir wurden von Anfang an dazu angehalten, eine Haltung zu entwickeln, die es uns möglich macht, als Psychologen in der Kultur zu überleben. Schon Ablauf und Aufbau des Studiums waren gelebte psychologische Methode. So gut wie nichts von dem ist im heutigen Studium der Psychologie an der Universität zu Köln geblieben. Dem selbständigen psychologischen Blick wird misstraut. Formalismus, Abstraktion, Konzentration auf Kleindetails und Punktesammeln haben das Arbeiten im Rahmen eines umfassenden Konzeptes vom Seelischen verdrängt.

Wie die meisten Mitarbeiter am Lehrstuhl hatte ich kein sehr persönliches Verhältnis zu Wilhelm Salber. Ich hatte das Gefühl, dass er mich grundsätzlich schätzte, aber die leisen Ansätze von Vaterübertragung nahm er nicht an. Das fand ich persönlich nicht schlimm, denn es gab mir Freiraum und spornte mich dazu an, meine psychologische Selbständigkeit auszubilden. Nur einmal verbrachten wir eine längere Zeit zusammen. Salber wurde zu Beginn der 1990er Jahre zu einem Vortrag nach Canterbury eingeladen und bat mich, ihn zu begleiten. Es bedeutete ein enormes intellektuelles Vergnügen, mit ihm durch Londoner Museen zu streifen und seinen Kommentaren zu einzelnen Ausstellungsstücken zuzuhören. Für mich kaum fassbar, was dieser Mensch alles sah und wie er es in sein Weltbild einzuordnen verstand. Während der Zugfahrt von London nach Canterbury konnte ich beobachten, dass er ein Meister im Minutenschlaf war. Wann immer es eine Möglichkeit gab,

nutzte er die Zeit dazu, seinen niemals ruhenden Geist über einen Rückzug in die Bildentwicklungen des Träumens zu entspannen.

Auf dieser Reise lernte ich Salber noch von einer anderen Seite her kennen. Der Psychoanalytiker Martin Stanton hatte ihn nach Canterbury eingeladen. Er war ein ausgewiesener Kenner des Werkes von Sandor Ferenczi, einem Schüler und Vertrauten Sigmund Freuds. Ferenczi hatte jedoch in der Behandlung Wege beschritten, auf denen ihm der Begründer der Psychoanalyse nicht folgen mochte. Es kam zu einem – für beide Seiten schmerzhaften – Zerwürfnis. Weil ich eine psychoanalytische Ausbildung absolviert hatte, war mir das Werk Ferenczis bekannt. Seine Bemühungen, das Indikationsfeld der Psychoanalyse durch Modifikationen in der Behandlungstechnik zu erweitern, konnte ich nachvollziehen. Salber jedoch hatte keine oder nur wenige Berührungspunkte mit Ferenczi. Im oben erwähnten Oberseminar hatte ich erfahren, dass ihn andere Schüler Freuds – z.B. Alfred Adler, Theodor Reik und Wilhelm Reich – weitaus mehr interessierten. So war es eigentlich nicht überraschend, dass Martin Stanton, der Ferenczi-Fachmann in Canterbury, und Wilhelm Salber, der Morphologe, in ihren Beiträgen miteinander kollidierten. Erstaunt beobachtete ich, mit welcher Entschiedenheit Salber seine Positionen vertrat – durchaus auch die Gefahr in kauf nehmend, seinen Gastgeber zu verprellen. Ich lernte aus diesem Zusammentreffen, dass Wilhelm Salber seine Morphologie wirklich lebte und verkörperte. Er war nicht dazu bereit, die Konturen seiner Ansichten zugunsten von Gesten des Charmes und der Freundlichkeit gegenüber dem Gastgeber preiszugeben. Das war damals so und sollte auch immer so bleiben.

In Unterschied zu vielen Universitäts-Professoren nutzte Wilhelm Salber seinen Einfluss und seine Position als Direktor des Psychologischen Instituts II gegenüber seinen Mitarbeitern nicht aus. Jeder von uns hatte ein oder zwei Verwaltungsaufgaben und war dazu verpflichtet, die vorgeschriebene Anzahl von Seminarstunden zu leisten. Ansonsten ließ uns der Chef große Freiheiten, und ich hoffe sehr, dass wir unsererseits dies nicht ausgenutzt haben. Es machte Spaß, an dem Institut zu arbeiten. Mit vollem Recht durfte man das Gefühl entwickeln, an dem wohl interessantesten und produktivsten Psychologielehrstuhl in Deutschland mitzuwirken. Dieses Privileg forderte uns Mitarbeitern aber auch einiges ab. Der Chef war in einer Art und Weise produktiv, die es mitunter schwer machte, seinen Entwicklungen der Psychologischen Morphologie in Echtzeit zu folgen. Wollte man den Anschluss nicht verlieren, musste man einen beachtlichen Aufwand leisten. Denn Salber suchte seine Seherfahrung in immer neuen Versionen zu explizieren und weiter zu entwickeln. Auch eroberte er seiner Psychologie ein immer größeres Territorium. Er schärfte uns ein, dass jeder Arbeitsplatz für Psychologen einem anderen Fach abgerungen werden muss. So schaffte er die Grundlage dafür, dass seine Schüler in Bereichen tätig werden konnten wie Alltags- und Kulturforschung, Marktforschung, Unternehmensberatung, Psychotherapie, Kunstpsychologie, Filmwirkungsforschung, Musiktherapie, Unterrichtsforschung und vieles mehr.

Nach Salbers Emeritierung im Jahr 1993 wurde ich Vorsitzender der neu gegründeten Gesellschaft für Psychologische Morphologie (heute: Wilhelm Salber Gesellschaft). Aufgrund dieser Funktion blieb ich mit ihm in regelmäßigem Kontakt. Dabei ging es im Wesentlichen um die inhaltliche Planung der Tagungen, die sich in späteren Jahren mehr und mehr um seine Person zentrierten. Unser Umgang miteinander gestaltete sich zunächst so ähnlich wie zu der Zeit, als ich sein Mitarbeiter an der Universität war. Er rief mich an, legte seine Vorstellungen zu der nächsten Tagung dar, wir verabredeten ein paar Einzelheiten und verabschiedeten uns. Später, vor allem in den sieben Jahren der gemeinsamen Herausgabe der Zeitschrift anders, fanden wir dann hin und wieder Zeit, einfach nur zusammenzusitzen und ein wenig zu plaudern. Auf diese Weise hatte ich dann doch noch die Gelegenheit, Wilhelm Salbers große Liebenswürdigkeit, seine enorme Sensibilität, seine Liebe zu den kleinen Details des Lebens und nicht zuletzt der Kunst persönlich kennenzulernen. Bei diesen Besuchen zeigte er mir gerne einzelne Stücke seiner Sammlungen. Dabei konnte es sich nur um kleine Ausschnitte eines über die Jahre angesammelten Schatzes handeln. Dessen war ich mir bewusst. Denn einmal konnte ich selbst beobachten, wie Salber in einem florentinischen Antiquitätengeschäft verschwand, dort eine kleine Runde drehte und mit einer Radierung von Goya wieder herauskam. Ich glaube, der Antiquar war sich über den Wert des Stückes gar nicht bewusst gewesen. Und Salber, der immer sehr bedacht mit Geld umging, war es wieder einmal gelungen, seinen Schatz um ein schönes Stück zu einem guten Preis zu vergrößern.

Seine kurzen, aber äußert gehaltvollen Aufsätze, die wir in den letzten Jahren in anders zusammen veröffentlichten, verstehe ich als das Vermächtnis des Mannes, der meine Interessen und meine Laufbahn als Psychologe, ja wahrscheinlich den Verlauf meines Lebens, entscheidend prägte. Immer wieder greife ich zu den anders-Heften und lese in seinen Texten. Wie ich es als Jugendlicher nur ahnen konnte, geben sie mir tatsächlich das Gefühl, den unruhigen und unüberschaubaren Wirkungsraum des Seelischen wenigstens für ein paar Minuten als einen strukturierten Zusammenhang zu sehen. Über diese Lektüre erfahre ich auch, wie nahe Salber der Seherfahrung und Ausdrucksform eines Künstlers war. Ich kann das vor allem daran bemerken, dass sich mir die faszinierende Komplexität seiner kurzen Texte dann am besten erschließt, wenn ich in einer zugleich wachen und entspannt-gelassenen Verfassung bin. Es braucht offenbar eine Einstellung wie der Kunst gegenüber, um die Kraft und die Schönheit von Salbers spätem Werk zu erfassen.

Muschelessen in Zuidzande (NL), um 1970.

Der Alltag ist nicht grau – aber ab jetzt weniger bunt

Marc Conrad

Es vergeht kein Tag, an dem ich mich nicht an die Zusammenarbeit mit Wilhelm Salber erinnere. Er hat uns gelehrt, die Augen zu öffnen und die richtigen Fragen zu stellen. Was hält das Ganze zusammen? Unsere Zusammenarbeit fing vor einem Vierteljahrhundert bei RTL an. Wilhelm Salber und seine Mitarbeiter ermutigten uns, die quantitative Forschung durch Tiefeninterviews zu ersetzen. Der Widerstand im Haus war enorm, aber Helmut Thoma ließ sich nicht entmutigen. Der überragende Erfolg von RTL wäre nicht zustande gekommen, wenn Wilhelm Salber uns nicht ununterbrochen aufgefordert hätte, über Grenzen hinweg zu gehen und den Zuschauern „auf 's Maul“ zu schauen. Dies kam Thoma natürlich recht, da beide wenig von den selbsterwählten Kritikern und der Sittenpolizei im Feuilleton hielten.

So entstanden die Pfeiler im RTL Programm, die bis heute die Grundlage für den Erfolg darstellen, zu gleicher Zeit aber auch die Hinweise darauf, warum der Erfolg heute nicht mehr vergleichbar ist, denn „das Ganze“ hält eben nicht mehr zusammen, und die Fliehkräfte zerren an allen Ecken und Enden an den deutschen Fernsehsendern.

Gleiches gilt für die Politik, über welche wir uns oft unterhalten haben. Es gab kein Gespräch, welches nicht noch Tage nachgehallt hätte. Seine Analyse kurz vor seinem Tode, welche ich durch einen seiner früheren Mitarbeiter erfahren habe, von Trump als Totemtier, und wie er seinen Wahlsieg unzweifelhaft vorhergesagt hat, ist bis heute unübertroffen. Wilhelm Salber hatte das Ganze im Blick und konnte die Mechanismen, die am Werke sind, einordnen und erklären. Angefangen von der DDR, die in Wirklichkeit die BRD übernommen hat, bis zur langen Kanzlerschaft Merkels, alles hat er auf den Punkt gebracht, weil er mit seinem klaren Blick durch die Nebelschwaden hindurchschauen konnte. Weg vom Personenkult und den einfachen Erklärungen - welche Wirkungszusammenhänge und Verwandlungen können wir beobachten? Wie herrlich, wenn er bei den Spaziergängen loslegte oder beim Besuch einer Kunstausstellung.

Privat war jede Begegnung ebenfalls eine unermessliche Bereicherung. Da gab es keine Trennlinie. Die vielen Mittagessen in Knokke und in Köln, Muscheln und der Kuchen aus seiner Lieblingskonditorei in Damme bei Brügge waren die Zutaten, meine Familie und ich haben die Gespräche aufgesaugt. Er hat zugehört und uns abgeholt. „Herr Conrad, was können wir tun, damit ...?“ Dann saßen wir zusammen und staunten einfach, dass es uns „wie Schuppen von den Augen fiel“. Die große Liebe zu den Menschen und das Verständnis, das sich Kümmern, das Einordnen in größere Zusammenhänge, weg von den bekannten Begriffen wie gut und böse, Schuld, Anerkennung ... es tat der Seele immerzu gut. Zugleich der traurige Gedanke, dass man es nie geschafft hat, Vergleichbares ihm zurückzugeben.

Enttäuscht und wütend dann, wenn die Gedanken an den Umgang mit diesem außergewöhnlichen Lehrmeister und Wissenschaftler aufkommen, wie die sogenannten Gelehrten und Institutionen in Deutschland mit ihm umgegangen sind und dies heute noch tun. Die Universität zu Köln war wohl froh, als sie ihn „endlich los war", anderenorts wäre er wohl mit den höchsten Ehren überschüttet worden. „Et kütt wie et kütt", das ist in diesem Fall die erschreckende Kehrseite der rheinischen Frohnatur, die sich in der akademischen Welt offenbart hat und mit ihren unheiligen Kräften am Wirken ist.

Gelernt hätten wir alle nichts, wenn dies uns zurückhalten würde, weiterhin mit viel Humor den richtigen Umgang mit seinem Werk zu pflegen, dessen Tragweite sich wohl erst in vielen Jahren zeigen wird.

Morphologie als Don Quijote

Wolfram Domke

Kann man sich selbst etwas schenken? Eigentlich braucht es dazu ja den Anderen, damit jene typische Seelendynamik von Schenken und Beschenkt-Werden in Gang kommt. Aber Wilhelm Salber konnte das. Er konnte es, weil das ihm so wichtige ‚In-Sich' seelischer Entwicklung eben nicht platte Eigenliebe oder fromme Selbstgenügsamkeit bedeutet, sondern Belebung des Anderen im Eigenen – ein Kunststück seelischer Selbstbehandlung. So schenkte er sich – wie es im Impressum heißt – zu seinem 60. Geburtstag ein Buch, das er in den Wochen zwischen Nikolaus 1987 und Dreikönige 1988 schrieb: „Kleine Werbung für das Paradox". Er wird darin in einer Weise persönlich, wie man das bis dahin nicht kannte, aber das Hauptthema auch dieses Werkes war und blieb natürlich die psychologische Morphologie. Noch während der Buchverfertigung bat er Studenten und auch uns Mitarbeiter am Psychologischen Institut, in wenigen Zeilen auf einen Zettel zu schreiben, was die Morphologie für uns persönlich denn sei. So entstand eine längere Liste mit Charakterisierungen und Kurzfassungen jenes schwer fassbaren Dinges, das uns über Jahrzehnte als Lernende und Lehrende, als Behandelte und Behandelnde so intensiv beschäftigte. Die Liste fand anonym Eingang in das Buch und lässt sich darin noch immer nachlesen. Meine Antwort auf die Frage von damals stand ohne groß zu überlegen schnell fest: Die Morphologie ist ein Don Quijote. Dreißig Jahre später möchte ich nun den

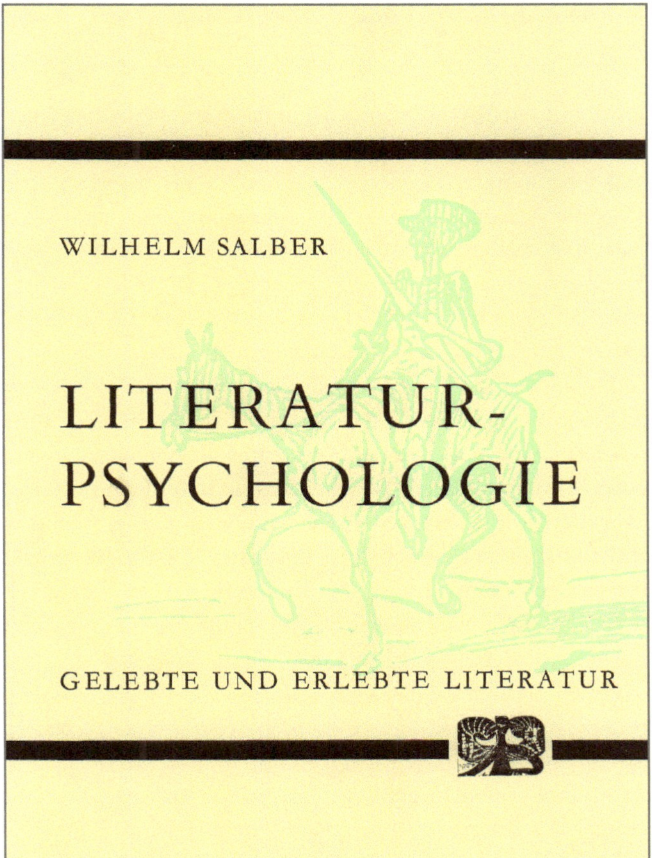

Die „Literaturpsychologie – gelebte und erlebte Literatur“ erschien 1972.

Versuch unternehmen, einige Fäden etwas aufzudröseln, die sich in diesem Bild verzwirbelten.

Zu Beginn meines Studiums ergab sich eines Tages die unverhoffte Möglichkeit, ohne das sonst mindestens erforderliche Vordiplom ins Oberseminar privatissime bei Professor Salber zu kommen. In den Semesterferien brauchte man ‚nur' den dicken Don Quijote de la Mancha zu lesen und den Lektüreprozess über Erlebensbeschreibungen fortlaufend zu dokumentieren. Das war natürlich keine leichte Zugangsvoraussetzung, aber auch keine Zumutung oder gar Strafe für mich. Wie jedes Kind, das im spanisch sprechenden Südamerika aufwächst, war ich dem Werk – natürlich nur in Auszügen – schon in der Grundschule begegnet. Wo der einstige Kolonialherr seine politische Macht längst verloren hatte, da durfte ausgerechnet dieses Buch die jungen Nationen immer weiter kultivieren. Eine literarische Eroberung, gegen die niemand je revoltierte, die man sogar innig liebte. Und diese alte Liebe traf ich nun also wieder an einer Stelle, wo ich sie vorher nie erwartet hätte: im Psychologiestudium. Aber in Köln war ja manches anders, das hatte ich seit meinen ersten Morphologie-Vorlesungen schnell gemerkt und war so überhaupt erst auf den Gedanken gekommen, Psychologie könne eine Entwicklungsrichtung für mich sein.

Als das aber feststand, war es nicht wirklich eine Überraschung, sich ein ganzes Semester mit einem solchen Buch psychologisch beschäftigen zu können. Neu war für mich jedoch schon, dass es dann nicht um die Psychologie des Titelhelden und dessen Wahn ging, sondern um die psychologische Wirkung des ganzen Werkes. Und um die zu erfassen, war eben die Beschreibung des Lektüreerlebens von entscheidender Bedeutung. Ihre Analyse brachte dann die Wirkungsstruktur eines dreifachen Wirbels zu Tage, in die uns der Don Quijote bringt. Als Ergebnis eines langen Oberseminares hatte das für mich zunächst etwas leicht Ernüchterndes, weil die frühe Forschungsneugier noch viel mehr auf dramatische Enthüllung geheimer Persönlichkeitsmotive ausgerichtet war. Nach und nach fand ich aber Zugang zu solchen apersonalen Wirkungsgeometrien, da sie schließlich doch ein weiteres und tieferes Verstehen seelischer Bewegtheit ermöglichten. Dazu gehörte auch die Entdeckung, dass vorgefundene und erfundene Realität nicht strikt zu trennen sind. Das Oberseminar brach eine Lanze für jene Seelenfantastik, die wir in Büchern und Filmen so gerne genießen, im klinischen Bereich dann doch lieber hinter ‚borderlines' dingfest machen wollen. Die Psychologie Wilhelm Salbers bot jedoch keine beruhigende Sicherheitsverwahrung an, sondern spannende Grenzüberschreitungen und Aufbrüche – das reizte viele und auch mich. Und so verstehe ich heute klarer, dass auch die Morphologie mich in eine Art dreifachen Wirbel hineinbrachte – und auf diese Weise eben genauso wirkte und wirkt wie der Don Quijote von Cervantes.

Erster Wirbel: Der Eroberungsausritt

Der erste Wirbel ist vor allem gekennzeichnet durch eine tolle Ausbreitungsbewegung, in die uns die Morphologie einlud.

Professor Salber wurde nicht müde zu betonen, die Psychologie fange viel früher an und gehe viel weiter als die üblichen Stellenbeschreibungen für Psychologen. Natürlich könne man in eine Erziehungsberatungsstelle gehen oder Psychotherapeut werden, aber daneben gäbe es riesige Gebiete, die wir nicht einfach ihren angestammten Beherrschern überlassen sollten. Wie viele interessante Posten würden z.B. im Radio und beim Fernsehen von Juristen besetzt. Natürlich seien sie Fachleute für Verwaltungsrecht, aber was wüssten sie schon von der unbewussten Komplexentwicklung eines Filmerlebens und überhaupt vom weiten Land der Medienseele? Die unausdrückliche – manchmal aber auch ganz klar ausgesprochene – Aufforderung an uns Studierende lautete: Rückt mutig aus, geht in die Sendeanstalten, in die Wirtschaft, in die Pädagogik, Physik, zu Zeitungen, Verlagen und auch in die Kunst! Ihr habt in der Morphologie etwas sehen gelernt, das die anderen nicht sehen. Meldet eure Ansprüche an, macht ihnen die Vorrechte in der Behandlung ihrer Fachwirklichkeit streitig!

Diese ‚Anderen' fühlten sich – zumindest als Studierende – oft gar nicht so sehr angegriffen, sondern strömten in Massen in die frei zugänglichen Salber-Vorlesungen. So wurde die Morphologie für viele eine Art von studium generale, das

Salber am Schreibtisch des Psychologischen Instituts.
Feier seines 60. Geburtstags am 9. März 1988.

die verschiedensten Entwicklungsrichtungen an der Universität durch eine entschieden psychologische Perspektive zu vereinheitlichen versprach. Besonders deutlich wurde das, als es um die Geschichte der Psychologie ging. Diese begann für Wilhelm Salber eben nicht mit seinem Namensvetter Wundt, sondern eher mit Ovid. Wer sich in den üblichen Kategorien bewegte, musste augenreibend feststellen, dass die Morphologie ihre Vorläufer vor allem in den Dichtern und Philosophen sieht. Aber auch Gestalten auf Entdeckungsreisen wie etwa Darwin wurden in die Ahnenreihe aufgenommen, wenn genug Seelen-Verwandtschaft, Freigeist und Querdenken in ihren Gegenstandsbildungen vorhanden war. Solche Qualitäten konnten Freud und Nietzsche natürlich mühelos vorweisen und so erreichten sie für uns den Status von Edelrittern der morphologischen Tafelrunde im Kampf mit den herrschenden Riesen des naturwissenschaftlich dominierten Wissenschaftsbetriebes. Als Studierende erlebten wir diesen Kampf durchaus nicht als Scheingefecht oder theoretische Wortklauberei, sondern als eine bedeutende Unternehmung, zu deren Gelingen wir auch unseren Teil beitragen konnten.
Vorneweg – auf dem Weg zum Hörsaalgebäude, zurück zum Institut und überhaupt – immer Wilhelm Salber mit eilendem Schritt und scheinbar nie erlahmenden Tatendrang. Schloss man sich seinem Zug an, hatte man sofort viele wissenschaftliche Gegner und meist wenig Verbündete im akademischen Mainstream. Wir erlebten das jedoch nicht als Mangel, sondern eher als Auszeichnung im Sinne von ‚viel Feind, viel Ehr‘ und ‚splendid isolation‘. Das dramatisierte unser sonst

oft fades Studentenleben ungemein und erhob es in gewisser Weise auch aus den allzu vernünftigen Niederungen etwa von fleißig einzuhaltenden Regelstudienzeiten. Die Ausbreitungsbewegung, die uns ergriff, zeigte sich nämlich auch in großzügig ausufernden Semesterzahlen. Gemessen an heutigen Studienverhältnissen konnten sie geradezu fantastische Höhen erreichen. Sie wurden mit dem seltsamen Stolz getragen, man müsse schon lange, sehr lange mitgehen, um der großen, aber schwierigen Sache der Morphologie wirklich gerecht zu werden. Dass sich diese heroische Ausbreitungsbewegung hier und da womöglich längst in Stillstand verkehrt hatte, merkten manche leider erst sehr spät. Hin und wieder trifft man heute noch solche versprengte Ritterknappen mit unvollendeten Diplomarbeiten. So traurig ihre Gestalt vielleicht auch geworden sein mag, Reste morphologischer Begeisterung funkeln auch bei ihnen meist noch in den Augen: Begnügt euch nicht mit Windmühlen und Tretmühlen, es gibt Größeres zu entdecken! Zum Beispiel den All-Tag im sonst grau gehaltenen Alltag.

Schon Freud hatte mit seiner ‚Psychopathologie des Alltagslebens' eine erste, spannende Erkundungsreise in dieses Gebiet unternommen, aber die akademische Psychologie ignorierte den Vorstoß geflissentlich. Lange verschwand der Alltag also von der Landkarte der Psychologie, bis Wilhelm Salber diese riesige terra incognita wieder entdeckte, die ja direkt vor unserer aller Nase lag. Damit begann ein groß angelegtes Forschungsprojekt, das nach und nach erstaunlich tiefe seelische Strukturen zu Tage förderte in den vermeintlichen Untiefen von Sonnenbaden, Zeitungslesen, Fahrradfahren, Kaufen, Heimwerken, Heiraten. Viele Vordiplom- und später Diplomarbeiten waren aufregende Forschungsexpeditionen – wieder Don-Quijote-Ausritte – in ein unbekanntes Land. Wo wir früher nur langweilige Gebetsmühlen von Putzen, Kochen oder Glockenläuten gesehen hatten, da lernten wir mit Professor Salber nun immer deutlicher einen Giganten zu sehen: den All-Tag als seelischer Riesenbetrieb, eine „Wirklichkeit, die sich selbst behandelt und versteht". Das war zugleich eine neue Definition des Seelischen, die manche irritiert fragen ließ, wer denn hier eigentlich Subjekt oder Objekt sei. Das ließ sich in ihr genauso wenig trennen wie drinnen und draußen, realistisch und fantastisch, banal und entwickelt. Doch gerade die Untrennbarkeit dieser Verhältnisse sorgte für manch unverhoffte Entdeckungsfreuden – z.B. in der Alltagsform des Fußballzuschauens.

Zugegeben, Fußball ist von klein auf eine Besessenheit von mir, aber ich teile sie mit Millionen von Menschen, die darin gerne die schönste Nebensache der Welt sehen. Die Nichtbesessenen können diese Riesen-Bedeutung beim besten Willen nicht sehen und erblicken immer nur 22 Männer in kurzen Hosen, die einem Ball hinterherlaufen. Eine ja nicht ganz unzutreffende, aber doch betont herunterspielende Wahrnehmung, die mich schon immer geärgert hatte. Sie tat so, als ob unsere stundenlange Aufgebrachtheit nach einer Fehlentscheidung des Schiedsrichters, das verdorbene Wochenende nach einer Niederlage oder der unbändige Jubelsturm nach einem Tor

60. Geburtstag: der Professor im Kreise seiner Mitarbeiter.

alles nur Wahngebilde von Fußballverrückten seien. Das war genauso wie wenn man Don Quijote nach einem blutigen Schlachtgetümmel nüchtern erklärte, es seien alles nur Weinschläuche gewesen, mit denen er da gekämpft habe. Er selbst sah darin ja wesentlich mehr und dieses Mehr-und-Anders sah auch die Morphologie im Fußball. Es lässt sich nachlesen im Alltagsbuch von Wilhelm Salber, wo eine seelische Großdimensionierung des Fußballs herausgearbeitet wird, von der man selbst als Fan kaum je etwas geahnt hatte. Hier zu lesen, wie privates Freizeitvergnügen und ernste Wissenschaft, wie schönste Nebensachen und bedeutende Hauptsachen meiner Welt nicht streng aufgeteilt werden mussten, sondern fließend ineinander übergehen durften, das war eine wahrhaft glückliche Entdeckung!

Es gab aber auch andere Augenblicke mit der Morphologie. Sie ereigneten sich oft im Oberseminar B von Professor Salber. Wenn man als Student daran teilnahm, hatte man die mündlichen Prüfungen zum Hauptdiplom bereits hinter sich und brauchte ‚nur noch' die Diplomarbeit zu schreiben. Eine gefährliche Konstellation. Fast alle hatten, wie gesagt, eine Alltagsform zum Thema, die mit 15 Tiefeninterviews untersucht und nach den Regeln morphologischer Kunst ausgewertet wurde. Einmal oder zweimal während des Untersuchungsprozesses sollte der Stand der Arbeit vor Professor Salber, seinen Assistenten und den anderen Studenten vorgestellt werden. Eine Art Supervisionsveranstaltung also, eigentlich ganz sinnvoll und hilfreich – wenn man darin nur die Windmühlen und Weinschläuche sah.

Aber wir Studenten sahen auch hier natürlich mehr. Als nahezu fertige Lehrlinge begaben wir uns in eine Art internes Burgturnier mit unserem Meister, wo wir kühn beweisen wollten, was wir schon alles konnten. Das reizte unseren Ritter von der gar nicht traurigen, sondern eher grimmig-entschlossenen Gestalt zum Gegenbeweis. Natürlich wollte er uns dann zeigen, was wir alles noch nicht konnten. Was ihn dabei so richtig in Harnisch brachte, war ein wissenschaftliches Herangehen, das es sich in althergebrachten Kategorien und neumodischen Psychologismen allzu bequem machte. Aus dem Stand mobilisierte das seine Angriffslust und seine Kampfbereitschaft für ein entschiedenes Anders-Sehen der Sache. So entstand im Oberseminar B eine sonderbar geladene Atmosphäre von Unterbringen und Revolte. Die Festlegung der psychologisierten Fragestellung verpasste jeder Untersuchung ein morphologisches Brandzeichen, ohne das es bei ihm nicht ging; zugleich begehrte die fast schon erreichte morphologische Reife dagegen auf, andere Forschungsrichtungen als die eigenen vorgeschrieben zu bekommen. Ein zähes, widerständiges Ringen um wichtige und weniger wichtige Fragen war oft die Folge. Strenge Direktiven und trotziges Gegenhalten, erhellende Durchblicke und bockige Uneinsichtigkeiten im Seminar und nicht selten Wutausbrüche und Tränen danach. Viele von uns erfuhren erst in diesem dramatischen Schlussakt, was das morphologische Prinzip der Gestaltbrechung praktisch mit sich bringt: methodische Vorteile in der Bildung psychischer Gegenstände, aber auch strapaziöses In-Frage-Stellen persönlicher Entwicklungsstände.

Doppelkopf: kapitolinische Museen in Rom, 1970er Jahre.

Zweiter Wirbel: Sancho-Pansa-Qualitäten

Das Oberseminar B mit seinem eigenartigen Formzwang markiert bereits den Übergang zum zweiten Wirbel, in den ich mit der Morphologie Wilhelm Salbers hineingeriet. Nicht, dass die fantastische Ausbreitungsbewegung plötzlich weg gewesen wäre, aber mit Ende des Studiums traten nun zunehmend Sancho-Pansa-Qualitäten in den Vordergrund. Die wichtigste Fragen lauteten nun: Kriegt man seine Diplomarbeit fertig, kann man mit der Morphologie ‚draußen' Geld verdienen und den Lebensunterhalt einer Familie sichern? Es ging tatsächlich – nicht reibungslos, aber es ging. Und das ist ja ein Punkt, der Wilhelm Salber von Anfang an wichtig gewesen ist. Einer seiner ersten Aufsätze trägt den Titel „Sind Ganzheiten praktisch?" und diese Ausrichtung auf das Lebenspraktische zieht sich seitdem durch sein ganzes Werk. Bei aller Verwandlungskunst des Seelischen, wenn sie nicht den Alltag mit konkreten Taten und banalen Qualitäten erreicht, dann bleibt sie brotlos – auch das war und ist ein Sancho-Pansa-Lehrsatz der Morphologie. Insbesondere die morphologischen Marktforschungs- und Unternehmensberatungsfirmen wandten ihn später mit Erfolg an.

Nach einigen Arbeitsstellen draußen führte mich mein Berufsweg aber bald wieder zurück zum Psychologischen Institut der Uni Köln – diesmal als Wissenschaftlicher Mitarbeiter. Dieses Angebot zu erhalten war schon die Erfüllung eines innigen Wunsches, den wohl manche von uns als Studierende insgeheim hegten. Vor dessen Realisierung war jedoch eine gewisse Lehrzeit als Wissenschaftliche Hilfskraft gesetzt, die sich als wirksames Gegenmittel für aufkeimende Eitelkeiten und Größenfantasien erwies. Natürlich war es ein tolles Gefühl, nun auch zur Tafelrunde der morphologischen Ritter/Assistenten zu gehören, die alle ein bestimmtes Herrschaftsgebiet innerhalb des morphologischen Reiches vertraten und gleichsam eigene Insignien – etwa Rorschach oder TAT – auf ihren Wappen trugen. Zu meinen neuen Aufgaben gehörten nun Auswertungen früherer Vordiplomarbeiten und Dissertationen, Betreuung von Diplomanden und Prüfungsbeisitze. Alles Sancho-Pansa-Arbeiten, von deren Dasein wir als Studenten kaum je Notiz genommen hatten. Nun bekam ich Einblick in den inneren Institutsbetrieb der Morphologie und auch hier gab es überraschende Entdeckungen.

So war ich einmal im Sekretariat Zeuge, wie Professor Salber einen Brief an die Universitätsverwaltung diktierte – aus dem Stand, mit Punkt, Komma und Absätzen, ohne nennenswerte Unterbrechungen oder Korrekturen. Das allein war schon beeindruckend, aber wirklich frappierend war für mich, die Aktualgenese eines Fließtextes in lupenreinem Amtsdeutsch mitzuerleben. Schon während des Studiums – und eigentlich bis heute anhaltend – gab es heftige Diskussionen darüber, warum die schriftliche Sprache der Morphologie so schwer verständlich ist. Die einen fanden, das sei eine absichtliche Verklausulierung, manche meinten hingegen, der Autor dieser fast schon fremdsprachigen Bücher und Aufsätze könne gar nicht anders. Ich wusste es nun besser: Er konnte sehr wohl anders, wollte aber nicht. Zur Bildung des morphologischen Gegenstandes gehörte ganz offensichtlich auch eine eigene, andere Sprache – genauso fremd und vertraut wie der Gegenstand selbst. Vielleicht entwickelte sich die Eigenart dieser Sprache beim Titanenwerk der Systematisierung der vorhandenen Psychologien, mit dem Wilhelm Salber sich habilitierte. Ein Riesenunterfangen, das an das berühmte Dorè-Bild erinnert, wo Don Quijote in seinem Studierzimmer sitzt, umgeben von aus tausend Ritterromanen herauswachsenden und sich zu Taten regenden Gestalten. Irgendwann stand er auf, legte das aufgeschlagene Buch aus der Hand und begann mit dem Schwert in der anderen Hand seinen eigenen Ritterroman zu bilden – als gelebte Literatur. So ähnlich, stellte ich mir vor, entstand womöglich auch die Morphologie Wilhelm Salbers. Vielleicht war es ganz anders, jedenfalls verstand ich mit Hilfe dieses Bildes seine Texte nun besser. Es steckt ganz viel Psychologiegeschichte im Sancho-Pansa-Bauch der Morphologie, aber nicht als wortgetreu-unberührte Zitatensammlung, sondern als etwas hungrig Einverleibtes, beherzt Zerkautes, eigensinnig Weiterverwertetes.

Eine weitere Erfahrung kam dazu. So wie Don Quijote im Laufe der Ereignisse Sancho Pansa eine Statthalterschaft versprach und er sie – mit freundlicher Unterstützung eines mitspielenden Herzoges – tatsächlich bekam, so wurde auch ich schließlich ‚Statthalter' am Psychologischen Institut. Alle Lehrveranstaltungen, die man als Wissenschaftlicher Mitarbeiter durchführte, wurden im Vorlesungsverzeichnis mit dem Zusatz „für W. Salber" angekündigt. In diesem kleinen Zusatz verbarg sich ein bedeutender Übertragungsvorgang, der über die rein organisatorische oder ökonomische Delegierung einer Aufgabe weit hinausging. Als Übungsleiter merkte man schnell, wie die massiert entgegen gebrachte Beteiligung und hohe Erwartung der Studierenden nicht so sehr der eigenen Person galten, sondern viel mehr einem umfassenderen Bild. Darin spielte Professor Salber eine zentrale Rolle, aber auch der Lehrstuhl II des Psychologischen Institutes gehörte dazu und natürlich die Morphologie als Ganzes. Als Statthalter dieses Gesamtbildes konnte man eine erstaunliche Beflügelung beim Entwickeln eigener Gedanken und Intensivierung von Einwirkungsmöglichkeiten bei anderen erfahren, was erhellend und zuweilen erhebend war. Manchmal allerdings auch ernüchternd, wenn die Studenten wieder einmal viel mehr forderten als der Statthalter beim besten Willen geben konnte. Solche Überforderungen erinnerten dann wieder heilsam daran, dass es schließlich ‚nur' Sancho Pansa war, der hier so gut es ging versuchte, etwas Größeres zu vertreten, dem er anhing und angehörte – und das er natürlich nie ganz verstand.

Einmal kam viel Organisationsarbeit auf mich zu, als ein Mittelseminar in Zusammenarbeit mit der Cinemathek im Museum Ludwig stattfand. Es ging um die Anwendung und Einübung der Alltags-Dimensionen anhand der damals aktuellen Kinofilme. Ein spannendes Unternehmen, das uns alle 2 Wochen einen gemeinsamen Filmabend bescherte. Pro-

Salbers Vorlesungen begeisterten. Oft sprach er vor überfüllten Hörsälen, zum Beispiel in seinen Vorlesungen zur Geschichte der Psychologie.

fessor Salber saß mit seinen Assistenten immer in der letzten Reihe, und da hatte ich Gelegenheit, seine eigentümlich Form des Filmerlebens aus nächster Nähe zu beobachten. Zu Beginn des Films schaute er aufmerksam zu und machte sich ab und zu still Notizen in seinen kleinen Block. Dann aber ab der Mitte des Films – manchmal auch schon früher – wurde er unruhig auf seinem Sitz und begann mit seinen Nebenleuten lebhaft über den Film zu sprechen. Und zwar in einer Weise, die bald sehr deutlich machte, dass er mit dem Film im Großen und Ganzen bereits ‚durch' war. Seine Analyse stand zu einem Zeitpunkt fest, wo die meisten anderen Zuschauer noch ganz in der Filmgeschichte wie in einem Traum versunken waren. Durch seine Bemerkungen und Einordnungen wurde man zwar irgendwie wach, aber richtig verstehen konnte man sie da noch nicht. Das gelang dann erst eine Woche später im Uni-Seminar, wenn wir über verschiedene Erlebensbeschreibungen nach und nach das als Struktur der Komplexentwicklung herausarbeiten konnten, was er auf halber Strecke offenbar schon klar gesehen hatte. Diese Erfahrung half mir später, etwas Grundsätzliches zu verstehen. Wilhelm Salber war eigentlich immer ‚im Dienst', im morphologischen versteht sich. Was er auch gerade tat oder erlebte, schnell erreichte er einen hellwachen und zugleich irgendwie entrückten Zustand, in dem er mehr und anderes sehen konnte als üblich. Das war wohl seine Form, dem mächtigen Riesen seelischer Unbewusstheit die Stirn zu bieten und ihm immer wieder Herrschaftsgebiete abzuringen. Deshalb waren ihm wie Freud die Träume auch so wichtig: Aus den kleinen, erinnerbaren Resten ließen sich bei entsprechender Deutungskunst Einblicke in eine verborgene Seelenmaschinerie gewinnen, die sonst nicht möglich waren. An dieser Rückeroberung seelischer Verfügungsmacht arbeitete er unentwegt, und ich hatte häufig in Seminaren, Forschungsprojekten oder auf Exkursionen Gelegenheit, die verblüffenden Ergebnisse davon mitzuerleben.

Seine Verstehenskunst hatte allerdings auch eine Kehrseite: sie durcheilte oft zu ungeduldig den Versionengang seelischer Entwicklung. Zwar betonte er immer wieder die Gleichberechtigung der Versionen, aber in der gelebten Praxis zog es ihn doch meist schnell in die bewegenden Verhältnisse, in die Konstruktionsmechanismen und besonders zu den Paradoxien des Seelischen, wo der Witz der untersuchten Sachen verlockend winkte. Die erste Version nutze er gerne als fruchtbaren Anpack für Gestalten, nur sehr selten jedoch zur Geschichtenbildung. Er mochte Geschichten in der Literatur, in der psychologischen Arbeit schienen sie ihn dagegen eher aufzuhalten und so durchquerte er sie – immer auf der Suche nach der nächsten Drehung - schnellsten Schrittes. Diese schöpferische Unruhe machte es Diplomanden - und Assistenten - in seiner Sprechstunde oft schwer, dem von ihm gerade vorgeschlagenen Rekonstruktionweg folgen zu können. Und vielleicht ist es auch das, was es der Morphologie im Ganzen schwer machte, besser verstanden zu werden: Ein Ding zu sein in ständiger Entwicklung, das nur ungern verharrte auf der Ruhebank des bisher Erreichten.

OLD
PEERIAN OF
ALDER
MANIC.
LEXONIC.
the Beauty
the delicacy of
the Engraving
the Author
hath Etched
them with
his own
hand.
COMPOSITE
OF
QUEERINTHIAN

Dritter Wirbel: Die Märchen

Mag sein, dass Wilhelm Salber die Bedeutung von Geschichten für das Entwickeln-Können und Verständlich-Machen der Morphologie unterschätzte, die Bedeutung der Märchen unterschätzte er bestimmt nicht. Und damit erreichen wir nun den dritten Wirbel, in den mich die Morphologie brachte. Er war keimhaft bereits vorhanden im zweiten Wirbel, entfaltete sich jedoch besonders mit der Emeritierung Professor Salbers und dem damit verbundenen Ende des morphologischen Lehrstuhles am Psychologischen Institut der Uni Köln. Auch meine Arbeit dort hörte auf und verlagerte sich unter anderem in die Praxis als Analytischer Intensivbehandler. Eine Wendung nicht ohne gewisse Ironie, denn ursprünglich hatte mich die Morphologie vor allem deshalb so angezogen, weil sie die Psychotherapie eben nicht zum Hauptziel der Entwicklung deklarierte. Lange Zeit war ich mir daher sehr sicher, dies würde nicht mein Weg sein. Aber dann kam es doch anders und ich wusste gar nicht so recht, warum. Inzwischen glaube ich es zu wissen: es waren die Märchen. Wie viele andere zogen sie mich in ihren Bann und auch diesmal war es die Wiederbelebung einer frühen Liebe. Das erste Grimms Märchenbuch bekam ich zu meinem fünften Geburtstag geschenkt mit der Widmung, dieser Schatz der Kindheit möge mir auch in späteren Jahren erhalten bleiben. Genauso ist es gekommen – dank Wilhelm Salbers Märchenanalyse. Noch heute, nach drei Jahrzehnten psychologischer

Seele ist sichtbar: Kupferstich von William Hogarth, Sammlung Salber.

Arbeit mit Märchen, halte ich manchmal an Behandlungstagen inne und wundere mich, was ich da eigentlich tue. Da kommen Menschen in die Praxis mit Problemen, die ihre Lebenswirklichkeit drastisch und gravierend einschränken – und wir halten Ausschau nach passenden Märchen?! Ist das nicht zu wenig? Nehmen wir ihr Leiden überhaupt richtig ernst?

Das sind natürlich rhetorische Fragen. Doch in ihrem Grunde berühren sie eine Gretchenfrage der Psychologie, die sich in der Arbeit mit Märchen noch einmal besonders zuspitzt: Was ist wirklich? Und hier war es wieder die Morphologie, welche die für mich passende Antwort bereit hielt – und zwar in der Formel vom ‚Fantastischen Realismus'. Ein Zentralbegriff in Wilhelm Salbers Literaturpsychologie, die auf dem originalen Bucheinband lauter Don Quijotes nach einer Zeichnung von Daumier zeigt. Übertragen auf den Roman von Cervantes heißt ‚fantastischer Realismus', dass sich Don Quijote und Sancho Pansa psychologisch nicht trennen lassen. Sie bilden eine in sich verwirbelte, paradoxe Wirkungs-Einheit. Und mit solchen paradoxen Wirkungseinheiten haben wir es auch in der Behandlung von Fällen zu tun. Wenn wir dabei mit Märchen arbeiten, meinen wir nicht, dem Leiden des Falles ein schönes Fantasiebild zum Trost und zur Erbauung beigeben zu müssen. Wir meinen damit, dass die Märchen die dramatische Wucht und Tragikomik ihrer Lebensrealität besser treffen als die so wissenschaftlich klingenden Diagnosen unserer Zeit. Heute würde Don Quijote sicher eine ICD-10-Nummer und eine Kassenbehandlung bekommen und die Welt wäre wieder in Ordnung. Aber auch ärmer um eine jener verrückten Gestalten, die unser eigenes Leben so heilsam verrücken können. „Wer dieses Buch gelesen hat, kann nie mehr so ganz unglücklich werden" – der Satz steht im Klappentext meines ersten Don-Quijote-Buches.

Nach langer Therapiepraxis finde ich es immer noch erstaunlich, dass kaum je ein Fall bei der Mitteilung ‚seines' Märchens protestierte und etwa verlangte, klinisch ernsthafter behandelt zu werden. In den Märchen mit ihren fließenden Übergängen von Dichtung und Wahrheit versteht sich das Seelische seit jeher offenbar sehr gut. Dennoch ist es immer wieder ein Kunststück psychologischen Verstehens, das passende Märchen für einen Fall zu finden - und es sagt viel über die Morphologie im Ganzen, dass sie ausgerechnet darin den Gipfel ihrer Behandlungskunst sieht. In langjährigen Supervisionsrunden mit Professor Salber konnten wir diese Kunst am Werk erleben. Wie die Märchen interessierte auch er sich dabei nicht so sehr für innere Befindlichkeiten und komplizierte Gedankengänge von Menschen, sondern mehr für ihre Taten und Wirkungen. Schnell umriss er damit Züge einer ersten Gestalt, und ab da begann die Suche nach Transponierbarkeit dieser Gestalt hin auf Märchenbilder. Hätte ein Außenstehender uns bei dieser eigentümlichen Arbeit beobachtet, was hätte er wohl davon gehalten? Erwachsene, gestandene Menschen, die sich allen Ernstes darüber unterhalten können, ob es nun das Tapfere Schneiderlein, der Gestiefelte Kater oder doch ein ganz anderes Märchen ist, das den Fall am besten trifft. Schwer zu sagen für diesen Außenstehenden, aber leicht zu sagen für mich. Genau diese Situation, oft auch im Studierzimmer von Professor Salber, habe ich sehr genossen. Es war eine fantastische und zugleich sehr realistische Arbeit. Fantastisch, weil sie immer auf Überschreitung des offensichtlich Gegebenen auf anderes hin angelegt war; und realistisch, weil sie stets auf konkretes Handeln in der Praxis des Lebens und des Behandelns bezogen blieb. In diesem Sinne waren die Supervisionstermine mit ihm immer auch kleine Stundenwirbel der Wirklichkeit. Ich vermisse sie.

Heinrich Heine schrieb vor 180 Jahren eine schöne Vorrede zum damals neu aufgelegten Don Quijote, den er für den besten Roman der Weltliteratur hielt. Darin findet sich eine Charakterisierung seines Autors Miguel Cervantes, die in Teilen erstaunlich gut auch für Wilhelm Salber passt. In der Zuversicht, dass ihm die Gesellschaft mit Heine, Cervantes und natürlich Don Quijote behagt, möchte ich meinen Rückblick mit einem Auszug dieser Vorrede beschließen:
„Seine Stirn war hoch und sein Herz war weit. Wundersam war die Zauberkraft seines Auges. Wie es Leute gibt, welche durch die Erde schauen und die darin begrabenen Schätze oder Leichen sehen können, so drang ... (sein) Auge durch die Brust der Menschen, und er sah deutlich, was dort vergraben. Den Guten war sein Blick ein Sonnenstrahl, der ihr Innerstes freudig erhellte; den Bösen war sein Blick ein Schwert, das ihre Gefühle grausam zerschnitt. Sein Blick drang forschend in die Seele eines Menschen und sprach mit ihr...“

Im Gespräch mit einer Studentin, 1990er Jahre.

Feier des 75. Geburtstags im Kunstsalon Köln, 2003.

75. Geburtstag von Wilhelm Salber im Kunstsalon Köln

Juliana Alon-Krymalowski und Gudrun Gorski

Herausgerückt aus einem arbeitsreichen Alltag tauchten wir in den Zauber von Ausgelassenheit und Fröhlichkeit auf der 75. Geburtstagsfeier von Wilhelm Salber.

In dieser unbeschwerten Stimmung entstand der Vorschlag, ein gemeinsames Erinnerungsfoto zu machen. Wilhelm Salber griff diese Anregung unerwartet entschlossen auf und präsentierte sich direkt mit uns beiden im Arm dem Fotografen. Im kurzen Augenblick eines Klicks wurde für uns spürbar, was sich über viele Jahre entwickelt hatte: eine tiefe Verbundenheit zu Wilhelm Salber und zur Psychologischen Morphologie.

Ermutigung von Verwandlung

In der Faktorei der Psychologischen Morphologie

Norbert Endres

„Diese Übertragung gönne ich mir!" hat Wilhelm Salber einmal bemerkt, als von seiner Freundschaft mit Anna Freud die Rede war. Diese Übertragung gönne ich mir, möchte ich gleichfalls bemerken, wenn ich über meine mehr als fünfzig Jahre langen Erfahrungen mit dem „Professor" nachdenke. Es waren lebenswichtige Lehrjahre, für die ich sehr dankbar bin. Dass Salber mit seinem Tod aus meinem Leben verschwunden sein soll, dagegen wehrt sich alles. So einer kann gar nicht verschwinden.

I

Als ich im Wintersemester 1960/61 mein Studium an der Pädagogischen Hochschule der Universität Würzburg begann, hatte Salber dort gerade seinen ersten ordentlichen Lehrstuhl übernommen. Mit 32 Jahren! Neben dem renommierten H.E. Hengstenberg, der mit seiner „Philosophische(n) Anthropologie" (1957) die Studierenden anzog, war er schon nach kurzem nicht nur für mich der Star der Hochschule. Mit Salber lehrte wirklich ein „Professor". Einer also, der nicht nur gelehrtes Wissen vorträgt, sondern dazu auch einen dezidierten Standpunkt vertritt (lat. profiteri).

Der Eroberer: mit seinem Freund Werner Spies besuchte Salber 1961 die britischen Inseln.

Die „Morphologie des seelischen Geschehens“ (1965) war damals noch nicht geschrieben. Was aber Salber und sein Werk später in Köln immer mehr auszeichnen sollte, war schon in seiner Würzburger Zeit zu spüren: Ein ganz besonderes Charisma als Hochschullehrer verbunden mit dem faszinierenden Versuch, die gesamte Psychologie (aus einem Guss) neu zu denken. Das hieß bei Salber immer auch, die ungeheure Verwandlungswelt des Seelischen systematisch in Griff zu nehmen und wissenschaftlich zu behandeln. Dem ist Salber sein ganzes Leben lang treu geblieben. Ich denke, er war davon gefesselt. Mich haben der darin liegende persönliche Wagemut und die damit verbundenen Verheißungen in der Sache ungemein angezogen. Paradoxerweise vielleicht deshalb, weil das (radikal) Aufbrechende des Salberschen Projekts meinem von Hause aus eher auf Sicherheiten gerichteten Denken wirklich Ergänzung versprach. Da konnte ich noch viel lernen!

Dementsprechend bin ich dann zum Sommersemester 1966 mit Herzklopfen zwar aber mit großen Erwartungen nach Köln gegangen und in die Faktorei eingetreten, die Salber, unterstützt von mehreren Assistenten, mit der Arbeit an seiner Psychologischen Morphologie am Psychologischen Institut der Universität zu Köln seit 1963 eingerichtet hatte.

II

Ein mitreißender Pioniergeist herrschte dort, als ich ankam. Da wurden nicht (wie im Würzburger Institut) die alten (ehrwürdigen) Experimente (der berühmten Würzburger Schule zur Denkpsychologie) wiederholt. Da wurden Filme untersucht. Da lernte man, mit Methode qualitative Interviews durchzuführen. Das fügte sich dann auch noch dem in der Vorlesung vorgetragenen Konzept vom Seelischen ein und beglaubigte so dessen Praktikabilität. So etwas gab es selten sonst. Morphologie zu studieren, bedeutete nicht, im Labor zu sitzen, sondern das Leben, so wie es sich zeigt, zu beschreiben und in seinen verständlichen Zusammenhängen methodisch zu rekonstruieren. Es war wie ein Aufbrechen in eine neue Welt. Viele schrieben ihre Vordiplomarbeit; die ersten Dissertationen entstanden.

Natürlich war mit dem Arbeiten bei Salber auch viel Unruhe verbunden. Vor allem in den Anfangsjahren. Der eigene Ehrgeiz saß einem gehörig im Nacken. Man wollte gut sein und zeigen, dass man dem unausgesprochenen Anspruch einer „besseren" Psychologie folgte. Das fühlte sich dann manchmal an, als wollte man „aus Stroh Gold spinnen". Es gab zwar schon eine Reihe von Veröffentlichungen und auch die Veranstaltungen des Professors, an denen man sich als Studierender orientieren konnte. Aber konkrete Vorbilder, an denen man sich für eine gute Arbeit im einzelnen hätte orientieren können, kannte man anfangs kaum.

Wichtig waren Beschreibungen. Die „Sachen selbst" mussten eine Untersuchung tragen. Soweit hatte man Salber verstanden. Auch dass man seine Beschreibungen mit der morphologischen Systematik von Grundbedingungen in Austausch bringen musste. Das beunruhigende Gefühl, sich noch sehr im Vorgestaltlichen zu bewegen, begleitete einen aber noch recht stark. Die zunächst willkommene Freiheit des selbständigen Arbeitens konnte sich so schon auch immer wieder in große Angst, es alleine nicht zu schaffen, verkehren. Salber selber war dann aber gar nicht so streng und honorierte es, wenn man sich engagierte. Soviel „Einser" wie heute gab es deswegen aber noch lange nicht. Umso mehr spürte man darin aber auch eine ehrliche Einschätzung, die einen ermutigte.

Für Salber selbst war das alles, glaube ich, ebenfalls gar nicht so fremd. Er hatte ein Konzept vorgelegt und wollte sehen, wie es funktioniert. Die Arbeiten seiner Faktorei boten die Möglichkeit, das bis dahin Entwickelte zu überprüfen. Meine Dissertation zur „Strukturforschung in der Hochschuldidaktik" verfolgte genau auch dieses Ziel: Am Beispiel der Entwicklung eines (Salber-) Seminars über ein ganzes Semester versuchte ich, einmal vor allem zu zeigen, dass sich ein so ausgedehntes „Ding" wie ein Universitätsseminar sehr wohl in seiner Entwicklung als eine „Wirkungseinheit" empirisch (auf der Basis wörtlicher Stundenprotokolle und Interviews zum Erleben der einzelnen Stunden) beschreiben lässt, und wie das methodisch nachvollziehbar gehen kann. Und zum andern, dass in der so praktizierten Strukturforschung Einsichten für die Didaktik ermöglicht werden, welche die statistische Unterrichtsforschung nicht liefern kann.

Die Anfänge der Markt- und Medienforschung in Deutschland.
Salber mit Kollegen, um 1960.

Mit den Dissertationen der zweiten Assistentengeneration verschwand der Pioniergeist aus der Faktorei zwar nicht. Das zeigt die erfolgreiche Entwicklung des Projekts „Analytische Intensivberatung“ später, an dem sich fast alle Mitarbeiter mit großem Einsatz beteiligten. Das Arbeiten mit der Morphologie, vor allem als Rekonstruktion von Grundbedingungen, hatte aber eine gewisse Routine erreicht, die Salber offensichtlich sehr beunruhigte, ohne dass wir als Mitarbeiter das richtig bemerkten. Wie er später verschiedentlich wissen ließ, hatte er damals zunehmend das Gefühl, der Morphologie, seiner „Schönen“ (L. Salber 1993), würde das ‚Hexagramm‘ wie „eine Hundemarke“ oder wie „ein Mühlstein“ um den Hals gelegt (2008) und das Denken in Vermögenskategorien, wie sie die Aufklärungspsychologie in die Welt gesetzt hatte, kehrte wieder zurück.

Dem Ovidischen im Seelischen, von dem Salber gefesselt war, hätte das zutiefst widersprochen; auch seinem radikalen Ganzheitskonzept. Mit der Unterscheidung von Haupt- und Nebenfigurationen im Leben seelischer Werke und mit der darauf bezogenen Rekonstruktion hat Salber deshalb eine neue Version der morphologischen Methode Mitte der 70er Jahre eingeleitet. Mit sehr nachdrücklicher Wirkung, wie die „Psychologische Märchenanalyse“ (1987) zeigt. Wieder einmal war Salber (allen) voraus.

III

Bekanntermaßen freuen sich ehrgeizige Schüler immer sehr, wenn sie ihrem Lehrer auch persönlich nahe kommen. Das kann man gut verstehen. Dass sie dann aber dessen Zuwendung oft wie eine besondere persönliche Leistung erleben, führt nicht selten zu Anlehnungen, die der „Individuation" des eigenen Weges schaden. Eines Weges „zwischen Hammer und Amboss", wie ihn C. G. Jung in seinen Arbeiten mehrfach eindrücklich beschrieben hat. Umgekehrt gibt es natürlich auch für den Lehrer die Gefahr, sich mit seinem Amt gleichzusetzen und (nur) darin das lebenswerte Leben zu sehen. Man kann davon ausgehen, dass Salber diese Wirkungszusammenhänge nicht nur gut kannte, sondern sie auch gezielt behandelte; bei sich und im Umgang mit den vielen, die ihm nahe sein wollten.

Offenkundig persönliche Motive kann man wohl auch deshalb bei seinen Entscheidungen kaum beobachten. Im Vordergrund standen übergeordnete Notwendigkeiten, die sich aus den Sachen ergaben: bei Prüfungen z.B. die gezeigte Leistung. Dem Beisitzer schienen die Zensuren dementsprechend oft sogar härter, als sein Wohlwollen zulassen wollte. Zugleich waren sie ein Lehrstück dafür, worum es gehen musste!

Von seinem Leben außerhalb des Instituts erzählte Salber wenig. Umgekehrt fragte er auch nicht nach, was einen selbst privat beschäftigte. Als würde ihn das nicht wirklich interes-

Zu Besuch bei Norbert und Franziska Endres, Lechenich im April 2015.

sieren. Es war aber wohl weniger mangelndes Interesse als die Sorge, zu sehr in fremde Geschichten verwickelt zu werden. Dafür hatte seine Arbeitsdisziplin (nach der man eine Uhr stellen konnte) wohl auch keine Zeit.

Dennoch: Im Institut und seiner Faktorei herrschte immer eine sehr freundschaftliche Atmosphäre. Deutlich war zu spüren, dass es ein „Gemeinsames Werk" war, mit und in dem wir Mitarbeiter lebten. Und nicht nur die Mitarbeiter, sondern alle die zahlreichen „Salberianer". Das unterstützte Salber, glaube ich, auch gerne. Früh schon hat er beispielsweise vorgeschlagen, in Seminaren und Tutorien mit Studenten eine Reihe ganz verschiedener Themen zu bearbeiten und dabei „Perspektiven der morphologischen Psychologie" zu formulieren. Zwei Taschenbücher sind daraus geworden mit Thesen zur Diagnostik, zur Medienforschung, zur Psychohygiene u.a. bis hin zur Frage nach dem Verhältnis von wissenschaftlicher Psychologie und Handelnkönnen (Ratingen 1972) . Salber genoss es aber auch, einmal im Jahr mit seinen Leuten Geburtstag zu feiern. Zu den runden Jahrestagen gab es sogar richtig große Feste, in der Pferderennbahn beispielsweise oder im Maternushaus und anderswo.

Noch mehr genoss er es, immer wieder auch außerhalb des Universitäts-Betriebs gemeinsame Unternehmen zu starten: Ausstellungsbesuche (Documenta), Exkursionen (Hampstead-Klinik in London) bis hin zu besonderen Tagungen wie z.B. in der Toskana, wohin W. Ennenbach (München) in sein großes „Bauernhaus“ zweimal eingeladen hat. Und wo sich das gemeinsame Arbeiten und Genießen mit einem Geist verband, der den Zauber antiker Symposien erahnen ließ. Nach meiner Beobachtung waren solche Ereignisse gerade auch für Salber mit Glücksmomenten besonderer Art verbunden: ‚Wissenschaft als Lebensform‘ in einer Dichte, wie sie im Institutsalltag der Universität nur schwer erreichbar war! Die uns schon vertraute Lust des Professors an seinen Vorlesungen schien in allen diesen Unternehmungen noch einmal gesteigert. Und die in seinen Führungen lebendige Gelehrsamkeit konnten wir Schüler nur bewundern.

IV

Die theoretischen und methodischen Grundannahmen der Morphologie habe ich nie wirklich in Frage gestellt. Die entschiedene Setzung auf „Gestalten als Erstes und Letztes“ und die damit verbundene Aufgabe, konsequent zu beschreiben (!), „wie Seelisches aus Seelischem“ (W. Dilthey) hervorgeht, hat mich von Anfang an überzeugt. Was mich dennoch lange gleichzeitig bewegt hat, war der Wunsch, die Morphologie auch mit den Auffassungen der Kollegen im ‚mainstream‘ zu verbinden. Oder zumindest zu zeigen, dass ich davon auch etwas verstand. Dahinter standen beträchtliche Ängste, alte Freundschaften zu verlieren.

Eine mächtige Verunsicherung hat dieses (von heute aus gesehen „versöhnlerische“ und nicht eigentlich wissenschaftliche) Anliegen 1966 auf dem „Kongress der Deutschen Gesellschaft für Psychologie“ in Münster erfahren. Salber hatte, man darf vermuten wie ein Seismograph kommender Entwicklungen, an seinem Institut Untersuchungen zu „Motivationen des Studierens“ durchgeführt und vor großem Auditorium von diesen berichtet. Auf dem Hintergrund seines Konzepts hatte er darin bewegende Dimensionen des Studierens herausgearbeitet – Studieren verstanden als eine besondere, von anderen seelischen Lebensräumen unterschiedene „Wirkungseinheit“. Dass er dabei keine Statistik und auch nicht das damals allseits favorisierte (heute kaum mehr gebräuchliche) mathematische Verfahren der sogenannten „Faktorenanalyse“ benutzte, sondern sich „nur“ auf methodisch entwickelte Beschreibungen verständlicher Zusammenhänge stützte, haben ihm die meisten seiner Kollegen schwer, manche sogar lautstark verübelt.

Diese Erfahrung hat sich mir wie eine kleine Erschütterung sehr eingeprägt. So viel Ablehnung wollte ich nicht erleben. Ich spürte dabei aber schnell: Da sind Grundfragen berührt, denen man als Psychologe nicht ausweichen kann. Das wirkte wie eine Lektion. Salber hatte diese Lektion bestimmt schon lange hinter sich. Als Schüler von E. Rothacker, der etwas von der unvermeidlichen „Dogmatik“ (nicht zu verwechseln mit Dogmatismus!) im wissenschaftlichen Denken verstand, und als Autor von „Der Psychische Gegenstand“ (1958) wusste er, dass man sich entscheiden musste. Eklektizistisches (oder gar opportunistisches) ‚Mal-so-Mal-so‘ und dann vielleicht nochmal anders, das vertrug sich nicht mit seiner Wissenschaftsauffassung. Ich musste das noch einsehen lernen.

Dass die damit verbundenen Konsequenzen dennoch auch für Salber nicht immer leicht waren, kann man sich denken. In einem Interview mit dem Deutschlandfunk hat er seine Haltung, damit umzugehen, einmal so formuliert: „Dann ist das auch eine entschiedene Handlung, dass man sagt: Das werde ich nicht mitmachen. Ich will sehen, mit meiner Auffassung durchzukommen. Und ich hoffe, dass mich das seelische Leben selber unterstützt in seiner Vielfalt. Das habe ich dann probiert. Manchmal war das schwer, aber es hat mir immer Spaß gemacht, bis jetzt" (Sendung „Zwischentöne" am 15.12.1991). In allen Auseinandersetzungen, die mit diesem „Probieren" verbunden waren, neigte Salber nicht zur Polemik. Eher drehte er sich um, ging seiner Wege und schrieb Bücher. Wie sein großes Vorbild Sigmund Freud. Wer mitgehen wollte, war dazu herzlich eingeladen.

Worum es ihm ging, hat er dabei nie im Dunkeln gelassen. Faule Kompromisse hat er konsequent abgelehnt. Auch dort, wo unmittelbare Lebensinteressen auf dem Spiel standen, wie z.B. bei der Psychotherapiegesetzgebung Anfang der 90er Jahre und der damit verbundenen Ausbildungsordnung. Als sich abzeichnete, wie sehr sich darin die Psychologische Psychologie der Medizin und ihren Praxisformen unterwerfen musste, hat sich Salber konsequent geweigert, die Bemühungen „seiner" Wissenschaftlichen Gesellschaft für Analytische Intensivberatung (WGI) um staatliche Anerkennung aktiv zu unterstützen. Da plädierte er für einen langen Atem im Kampf um die Autonomie der Psychologie und ihrer eigenen Sichtweisen.

ALFRED KERR
ZADEKS HAMLET IN HAMME
GISELA SCHEIDLER
HAMLET'S MOUSE TRAP
Martin Grotjahn

Zu Salbers entschieden psychologischer Haltung müsste man einen eigenen Aufsatz schreiben, um dem Menschen Salber, aber auch der damit verbundenen psychologiegeschichtlichen Bedeutung einigermaßen gerecht zu werden. Nur soviel noch: Salber hat immer sehr pointiert formuliert, öfter sogar apodiktisch („Man muss...!“, „Nur so kann man...!“). Manchen hat das vielleicht gestört. In der Schule einer Psychologie, die in quer denkender Weise gerade den „Fransen“ (James) und der Flüchtigkeit seelischer Gestalten gerecht werden will, kann man darin aber auch den produktiven Anstoß vernehmen, die (prinzipiell immer geltenden) methodischen Zweifel für den Augenblick zurückzustellen und mit den erarbeiteten Überzeugungen zur Tat zu schreiten.

Die Kölner Studenten haben das, glaube ich, so ähnlich gesehen. Auch sie, viele jedenfalls, haben das „entschieden psychologisch“ der Salberschen Faktorei gerne angenommen und dem darin entwickelten Geist weiter Gehör und Geltung verschafft. Der Methodenkongress, den die Kölner Fachschaft für Psychologie unter dem Titel „Wider eine seelenlose Psychologie“ im Jahre 1984 veranstaltet und dazu bundesweit mit großer Resonanz eingeladen hat, zeigt dieses Mitgehen sehr deutlich. Aber auch, um ein weiteres Beispiel zu geben, die große und sehr engagierte Kampagne für F. Heubach beim Versuch, eine für die Geschichte des Salberschen Lehrstuhls angemessene Nachfolge zu erreichen. Salber hat das alles bestimmt mit stillem Stolz beobachtet. Dass auf der anderen Seite mit staatlicher Unterstützung in

Millionenhöhe unter dem programmatischen Namen „Morphomata" an der Universität zu Köln 2009 ein internationales Wissenschaftskolleg eingerichtet wurde, das sein Selbstverständnis ausdrücklich morphologisch beschreibt, ohne auf die Psychologische Morphologie und die jahrzehntelange Tradition in Köln zu verweisen, ist vorsichtig ausgedrückt völlig unverständlich. Salber hat darüber nie öffentlich gesprochen. „Affekte muss man kalt servieren", hat er einmal bemerkt. Vielleicht hat ihn das aber auch schon gar nicht mehr wirklich berührt. Um seine Morphologie und ihre Aufklärungspotenz hat er in den letzten Jahren umso entschiedener mit vielen „anders"-Beiträgen prägnant und pointiert geworben. Zuletzt mit posthum erschienenen Überlegungen zum „Integrationsdesaster" (2017).

V

Es ist ein phänomenales Werk, das Salber mit seiner Faktorei der wissenschaftlichen Psychologie vermacht hat. Ohne außerordentlichen Arbeitseinsatz, der, wie er einmal bemerkte, ihm auch viel Lebensqualität gekostet habe, wäre das nicht möglich gewesen. Besessen von der Idee, auch in der ungeheuren Verwandlungswelt des Seelischen die „Urpflanze" (J. W. v. Goethe) zu finden, hat Salber eine Morphologie entwickelt, die als System gleichsam die ganze Welt wie e i n seelisches Phänomen beschreibt und psychologisch in Griff nimmt. Mit der Morphologie 65 hat diese Urpflanze bis in feine (kategoriale) Unterscheidungen hinein ihre erste Fassung gefunden. Einem ‚seelischen Genom' vergleichbar, sind darin alle Entwicklungsmöglichkeiten von Alltagsformen (Handlungseinheiten) prinzipiell entworfen. Bekanntermaßen ist Salber bei dieser Fassung, die er analog am Fall „Pankraz der Schmoller" auch für die „Charakterentwicklung" entwickelt hat, nicht stehen geblieben (1969). Mit dem Vier-Versionen-Modell der Werkanalyse hat er später eine zweite Fassung gefunden und mit dem Hinweis auf die seelischen Verwandlungssorten, wie sie in den Märchen sichtbar werden, auch inhaltlich erweitert und vertieft. Auf dieser Grundlage konnte er dann die wegweisenden Untersuchungen zu Kunstwerken, zur psychologischen Behandlung, bis hin zur „Seelenrevolution" (1993) und darüber hinaus durchführen.

Kaum eine dieser Untersuchungen stand nur für sich. Immer eröffneten sie über den jeweiligen besonderen Gegenstand hinaus zusätzliche Blickpunkte auf den Seelenbetrieb im ganzen. Die darin liegenden Schätze sind aber bestimmt länger noch nicht alle gehoben. Die verstörende „Besessenheit" beispielsweise, wie sie F. Goya in seinen Schwarzen Bildern malt und wie sie Salber in seiner eindrucksvollen Untersuchung „Undinge" (1994) auf „Vier „Rundgänge(n)" als grundlegende Vorstufe unseres kultivierten Seelenbetriebs beschreibt, ist in den Diskussionen der Faktorei noch gar nicht wirklich angekommen.
Ob solche Grundfragen nach dem Tod von Wilhelm Salber überhaupt noch eine Chance haben, in dieser Form behandelt zu werden, ist ohne einen ordentlichen Lehrstuhl und dessen Mittel fraglich. Darüber hinaus scheint der gegenwärtige

wissenschaftliche Zeitgeist mit seiner Angst vor Entschiedenheiten und mit seinem antiquierten objektivistischen Reduktionismus wohl auch den Sinn für metapsychologische Überlegungen weitgehend verloren zu haben.

Vielleicht ist es aber gar nicht so schlimm, wenn nicht alles so weitergeht wie bisher. Salber selbst wirkte bei der Frage, wie er denn die Zukunft seiner Morphologie sähe, jedenfalls immer relativ gelassen. Viel gelassener jedenfalls als oft wir, seine Schüler. Da vertraute er, denke ich, der argumentativen Kraft und der Reichweite seiner Texte und Bücher. Bestimmt aber auch den vielen Kollegen, von denen er wusste, dass sie sich von seiner Psychologie haben verwandeln lassen und darauf oft ihr ganzes Berufsleben in einer bunten Vielfalt von Instituten und Gesellschaften aufgebaut haben.

Dieses Vertrauen können wir uns zum Vorbild nehmen und versuchen, die erfolgreiche Faktorei der Morphologischen Psychologie weiterzubetreiben. Jeder auf seine eigene gekonnte Weise, zugleich aber auch im Bewusstsein der morphologischen ‚essentials', auf die Salber gerade in den letzten Jahren mit seine Beiträgen in ‚anders' vermehrt hingewiesen hat. Alles Weitere findet sich.

Und Salber? Er lächelt ...

Von Cowboy zu Cowboy, 1980er Jahre. Die Psychologie muss Medien und Alltagsleben aufgreifen können, sonst geht sie am Leben vorbei.

„You've looked at the books, but I've looked at the woman"

Thomas Pohne

Einst gab es Rabbiner, die so berühmt waren, dass die Ratsuchenden nicht direkt zu ihnen vorgelassen wurden. Man trug sein Anliegen dem Assistenten des Rabbiners vor, der gab es an den Rabbi weiter, dieser recherchierte in den heiligen Schriften und verkündete dann seine „Eytse", also den guten Rat.

Zu einem solchen Rabbiner kam einmal eine Frau, welcher der Mann fortgelaufen war. Sie fragte, ob sie damit rechnen könne, dass der Mann zu ihr zurückkehre. Der Assistent gab die Frage weiter, der Rabbi „klärte" (d.h. er recherchierte und analysierte die Sache) und kam zu dem Schluss: Ja, der Mann werde zurückkehren, sie solle sich keine Sorgen machen. Der Assistent jedoch sagte zu der Frau: „Es tut mir leid, aber dein Mann kommt nicht zurück. Mach dir also keine falschen Hoffnungen."

Zufällig hatte der Rabbi das mitgehört und stellte den Assistenten zur Rede; wie er dazu käme, das Gegenteil von dem zu übermitteln, was er, der große Rabbiner, herausgefunden habe. Der Assistent antwortete: „Rabbi, bei allem Respekt: Du hast die Bücher gesehen, aber ich habe die Frau gesehen."

Wilhelm Salber war für mich immer der Rabbiner und der Assistent zugleich.

Dank an Wilhelm Salber

Günter Heisterkamp

Die unerwartete Nachricht vom plötzlichen Tod Wilhelm Salbers hat mich sehr getroffen. Ich bin sehr traurig, dass diese sprudelnde Quelle morphologischer Forschungen und Entdeckungen versiegt ist. Es gibt kaum einen Aufsatz und sicherlich kein Buch, in dem ich nicht auf seine methodologischen und psychologischen Ausführungen eingegangen bin. Er hat mein wissenschaftliches Leben in grundlegender Weise beeinflusst und wurde auch für mein persönliches bedeutsam. Ich lernte ihn während meines Lehramtsstudiums Anfang der 60er Jahre des vergangenen Jahrhunderts an der Pädagogischen Hochschule in Köln kennen. Ich war so fasziniert von diesem „Pionier im Seelenland" (Grünewald 2016), dass ich mich bald entschloss, nach der ersten und zweiten Lehramtsprüfung bei ihm weiter Psychologie zu studieren, als er auf einen Lehrstuhl für Psychologie an der Universität Köln berufen wurde.

Ich plante also, mich vom Dienst – notfalls unter Zurücklassung der Dienstbezüge – beurlauben zu lassen, um an der Universität Köln, insbesondere bei Wilhelm Salber, Psychologie studieren zu können. In der Vorbereitung dieses Schrittes erfuhr ich, dass es bei entsprechend qualifizierten Lehrern auch die Möglichkeit einer Abordnung an die Pädagogische Hochschule bei Erhalt der Dienstbezüge gab und einem solchen Antrag eine befürwortende Stellungnahme von Fachvertretern dienlich sei. Aus diesem Grund fragte ich Wilhelm Salber wegen einer entsprechenden Bescheinigung. Er schlug mir dazu vor, an seinem Proseminar in der Uni zum Triebbegriff in der Psychologie teilzunehmen und ein Referat zu übernehmen. Ohne jede Ahnung, worum es eigentlich ging, stimmte ich zu.

Es wurde eine aufregende, für den Einstieg in die Morphologische Psychologie wohl typische Erfahrung. Es begann mit großer Verwirrung und völligem Unverständnis. Ich meldete mich für ein Referat zum Triebbegriff nach einem gewissen Wolfgang Metzger. Ich las das „dicke" Buch „Gestalt-Psychologie" in einer seiner ersten Auflagen vor und zurück, konnte aber den Triebbegriff nirgendwo finden. Ich hatte nicht die geringste Ahnung, wie ich das Referat anlegen sollte. Da ich regelmäßig und neugierig an dem Seminar teilnahm, kam ich trotz meiner Verwirrung nie auf die Idee, dass hier ein Irrtum vorliegen müsste, sondern suchte nach dem tiefen psychologischen Sinn meiner Referatsaufgabe. So versuchte ich mehr schlecht als recht, ein Referat zu erstellen, ohne dass sich ein sicheres Verständnis einstellte. Aber immerhin kam ein Text zustande, der mir einigermaßen sinnvoll angeordnet schien, und den ich wörtlich vorzutragen gedachte.

Und dann spitzte sich die Seminarsituation noch zu, da die Zeit zu knapp wurde und mein Referat auszufallen drohte. Wilhelm Salber kam in dieser Situation auf die schreckliche Idee, dass ich als Grundlage für seine Beurteilung doch einfach einmal mit ein paar Sätzen den Kern der gestaltpsycho-

logischen Überlegungen zum Triebbegriff erläutern sollte. Ich hatte keine Zeit, mich in die sich ausbreitende Panik zu verlieren, und begann zu reden. Und wie das so ist, verfertigten sich meine Gedanken auf wenige Kernsätze, um den Grundgedanken herausstellen, nämlich dass das, was uns treibt, abhängig ist von der sich jeweils entwickelnden Erlebniseinheit. Ich wählte das Beispiel eines Briefkastens, der je nach der Erlebensgestalt seine oder überhaupt keine Bedeutung gewinnt. Voller Angst und banger Hoffnung ging ich nach der Veranstaltung, da sie die letzte des Semesters war, zu Wilhelm Salber. Er lächelte mich an und sagte zu mir: „Das war schön". Ich hätte ihn vor Glück umarmen können, aber das war natürlich zur damaligen Zeit und erst recht bei ihm nicht üblich. Ich habe das entsprechende Dokument dankbar und froh aufbewahrt.

Im Laufe meines Psychologiestudiums erfuhr ich, wie sparsam er mit einem solchen Lob umging. Für mich war es nach einem erlebten Kulturschock beim Übergang aus einem einfachen Arbeitermilieu in eine so genannte Höhere Schule der unmittelbaren Nachkriegszeit eine basale Ermutigung für mein weiteres berufliches und auch privates Leben. Als ich Dirk Blothners Beitrag zur Einübung als Bedingung seelischen Geschehens (2016) las, musste ich noch einmal an dieses Seminar und an meine ersten Schritte in die Morphologische Psychologie denken. Sie wurden fortgeführt in der Vordiplomarbeit und in der Promotion zu Prototypen des Lernens und Unterrichtens und gingen über in eine Psychoanalyse der Lebensbewegungen und in eine psychotherapeutische Praxeologie aus der Mit-Bewegung (Heisterkamp 1993). „Mit-Bewegung" wurde schließlich zum Prototyp einer Einführung in eine tiefenpsychologisch orientierte Behandlungslehre, die den morphologischen Kerngedanken Alfred Adlers aufgegriffen und weitergeführt hat (Heisterkamp 2017).

In meinem letzten Buch zum Glück der Großelternsituation bin ich darüber hinaus auch auf Wilhelm Salbers Bedeutung für mich persönlich zu sprechen gekommen. Ich wurde nämlich in der vorschulischen Kindheit meiner 1962 geborenen Zwillingstöchter in einem Düsseldorfer Vorort von Unbekannten angesprochen, ob wir aus Köln kommen würden. Die Leute waren zufrieden, wenn ich ihnen erklärte, dass ich in Köln studierte. Vertrauten Bezugspersonen gegenüber habe ich mein Kölsch noch auf die faszinierenden und originären Vorlesungen von Salber bezogen. So heißt es in meinem Großelternbuch:
„Früher hatte ich ein ambivalentes Gefühl, wenn mich Zuhörer meiner Vorträge anschließend auf meinen unverkennbaren rheinischen Dialekt ansprachen. Gedanken, mir diese Eigenart abzugewöhnen, waren nicht so fern, bis ich auf einer tiefen Ebene zu verstehen begann, dass ich darin die innige Verbundenheit zu meinen Eltern weiterleben lassen konnte. Deswegen kann ich heute mit liebevollem und tiefgründigem Humor den Zuspruch annehmen, wenn ich auf meinen rheinischen Tonfall aufmerksam gemacht werde. Als Übergang

dieser Einstellung fällt mir dazu auch noch ein, dass ich früher, bevor mir diese Zusammenhänge bewusst wurden, die Erklärung darin gesehen hatte, dass ich einen Hochschullehrer, bei dem ich auch später promovierte, besonders verehrte, und dieser ebenfalls den rheinischen Tonfall in seinen Veranstaltungen artikulierte. Erst später verstand ich, dass ich darin ja schon die Vaterfigur („Doktorvater") weiterleben lassen konnte. Es dauert schon eine geraume Zeit in einem psychoanalytischen Prozess, bis man sich den tiefen psychologischen Wahrheiten allmählich annähert. Das ist immer mit dem angenehmen Gefühl einer Bereicherung und Steigerung der Lebendigkeit verbunden." (Heisterkamp 2015, S. 233)

Im Zuge der Vorbereitungen zu meiner Geburtstagsfeier während der diesjährigen Jahrestagung der DGIP ist mir eingefallen, den Verlauf meines Lebens mit dem Grimmschen Märchen vom Hans im Glück in einen methodischen Austausch zu bringen. Der Einfall hat mir Spaß bereitet, insofern er die Morphologie wieder einmal mit den morphologischen Ansätzen Alfred Adlers verbindet. Darüber hinaus ist genau dieses Märchen in der Morphologie bisher nicht behandelt worden. Salber verweist meines Wissens nur im Vorwort seines Buches „Psychologische Märchenanalyse" (1987) auf das Märchen. So habe ich das Gefühl, den Hinweis in seinem Vorwort aufgegriffen und weitergeführt zu haben. Wenn ich diese Phantasie noch weiter ausspinne, stelle ich mir vor, dass ich den Entwurf meines Lebensmärchens Norbert Endres, der Wilhelm Salber wohl am längsten kannte, als ehemaligem Assistenten und späterem Akademischen Oberrat vorlegen würde und wir gemeinsam mein Produkt bearbeiten würden. An dieser Stelle wurde mir deutlich, dass wir hier die Feuerzangenbowle auf Morphologisch aufführen würden. So würden wir unseren verehrten Meister wieder beleben bzw. die geliebte Vaterfigur wieder unter uns bringen.

Literatur

Blothner, D. (2016): Die Seele ist (k)ein Alien – Einübung als Bedingung seelischen Geschehens. anders 25, S. 4-11

Grünewald, St. (2016): Pionier im Seelenland. Kölner Stadtanzeiger vom 05.12.2016

Heisterkamp. G. (1993): Psychotherapie aus der Mit-Bewegung. In: D. Blothner und N. Endres (Hg.): entschieden psychologisch. Bouvier, Bonn, S. 134-143

Heisterkamp. G. (2015): Vom Glück der Großeltern-Enkel-Beziehung. Wie die Generationen sich wechselseitig fördern. Psychosozial-Verlag, Gießen

Heisterkamp. G. (2017): Zur leiblichen Dimension im psychotherapeutischen Wirkungsgeschehen. In: Niemeier, V.; Wirth, H.-J. (Hg.): Psychodynamische Psychosomatik und Kreativität. Zum Gedenken an Hans Müller-Braunschweig (1926-2014). Psychosozial-Verlag, Gießen

Metzger, W. (z. B. 1986): Gestalt-Psychologie. Ausgewählte Werke aus den Jahren 1950 bis 1982. Verlag Waldemar Kramer, Frankfurt a. M.

Salber, W. (1987): Psychologische Märchenanalyse. Bouvier, Bonn

Schaurig schöne Geschichten um Professor Doktor Wilhelm Salber

Gabriele Klaes-Rauch

Zugeknöpfte Hirschlederweste, ausgewählte Schmuckstücke an den Händen, runde Rahmen um schauende Augen – und hätte der vielfach vom Philosophikum zur Herbert-Lewin-Straße eilende und stets von einem debattierfreudigen Gefolge Umringte seine Fußwege eines Tages auch noch im majestätischen Pelzkragen zurückgelegt, hätte dies seine Integrität nicht irritiert: Besonderheiten und Brüche waren ‚seiner Eminenz' nicht minder sinnfällig als eigentümlich.

Zuverlässig mini- bis maximal von Landläufigem abweichend, ein provozierender, streitbarer und befreiender Geist, gleichsam old school und seiner Zeit voraus, ließ seine Erscheinung mehr auf einen Kunstschaffenden oder Schamanen, denn einen Kölner Lehrkörper und Vorsitzenden eines psychologischen Lehrstuhls schließen, und beinahe zwangsläufige Begegnungen mit dem durch die Stadt und deren Gespräche kursierenden Faktor bescherten mir mit Einsetzen meiner ‚Volljährigkeit' ein eminentes Immatrikulationsbegehren.

Die diese Aufsehen erregende Gestalt des Psychologik-Forschers noch potenzierende intellektuelle Originalität figurierte die erst verwegen bis vermessen wirkende und letztlich phantastische Vorstellung, mich „Psychologiestudentin" und diesen Gelehrten insgeheim „meinen Professor" nennen zu können, als sie mich außerdem davor bewahrte, verklärte Berufswünsche (wie Smaragdhändlerin, Kostümbildnerin oder Ornithologin zu werden) zu verfolgen.

Keinen Abbruch tat dem ‚Gefühlsräuschlein' im übrigen, dass ich den Professor eine ganze Weile eher als Außerirdischen betrachtete – welcher stets in Distanz und immer präsent seiend, heimlich angebetet werden durfte, aber wie eine andere Spezies keineswegs persönlich oder gar wie ein menschlich allzu menschlicher Mensch angesprochen werden brauchte – der eine Art Universalschlüssel und Zugang zum Verständnis von Wirkungszusammenhängen und Handlungseinheiten offerierte. Fortan funktionierten Bilder, Filme, Märchen und Träume wie Hochkaräter. Jedes meiner damaligen Gespräche drehte sich über kurz oder lang um die morphologische Auffassung und Psychologie von Dingen, Geschehnissen und Begebenheiten. Weite Bevölkerungsgruppen wurden mit morphologischer Märchenanalogie vertraut gemacht, das Ganze an und mit der eigenen Psyche durchdekliniert, Features über Alltagsgegenstände verfasst und Künstler wie A. R. PENCK darin bestärkt, ihre Werke „Morpholog", „Schneewittchen" oder „Aschenputtel" zu nennen.

Seit dem allerersten Kontakt über Dr. Wilhelm Salbers Analyse zum damals noch als schwer entlegen gehandelten Trivialgenre des Vampirfilms in der Zeitschrift „bild der wissenschaft", was aufgrund der durch die Gediegenheit des Mediums erheiternd-subversiven Note, einnehmende Wirkung auf mich hatte, verließen sie sie nicht mehr, die fesselnden Fragestellungen und Impulse der Wissenschaft des Prof. Salbers, die von ihm vermittelten „Ideen über eine beschreibende und zergliedernde Psychologie“ wie die Diltheys oder die Lehren Goethes, Nietzsches, der Freuds, Kris’, Fridells, Straus‘, Sterns, Winnicotts und vieler anderer sowie deren gehaltvollsten Nachfahren einschließlich seiner selbst und seiner eigenen, aus all dem entwickelten „Morphologischen Psychologie“.

Mit der Anverwandlung seines Werkes gingen selbstredend auch ‚Tischsitten‘ einher, wie ausnahmslos erforderliche Beschreibungen bis zur Vereinheitlichung zu transformieren, gegenstandsanalog qualitativ zu arbeiten und das Denken in morphologischen Dimensionen, Kategorien und Begriffen zu entwickeln. Es galt keine Entschuldigung mehr für ungenaue Wortwahl, nur ‚angedachte‘ Annahmen oder unreflektiertes Handeln, wiewohl dem Identitätsstiftenden nichts vom Erwerb dieser Disziplin und diesem meinem stillschweigenden Bildungsprozess zu Ohren gekommen sein dürfte. Zu hemmend waren Ehrfurcht und Aufregung angesichts des geballten Wissens, Denk- und Vermittlungsvermögens des ‚Dr. Parnassus‘.

Nie erfuhr er daher, dass ‚das Letzte‘ woran ich mich erinnern konnte, nachdem mich ein ‚Linksabbieger‘ beim Überqueren der Straßenkreuzung von Weinsbergstraße und Piusstraße aufs Korn genommen hatte, seine Anna Freud Vorlesung war, die ich eine Stunde vor meinem ‚Un-Fall‘ gehört hatte und siebzehn Stunden nach Wiedererlangen ‚meines Bewusstseins' als Erstes und Alleiniges vom vorangegangenen Unfalltag erinnerte!

Bedauerlicherweise memorierte ich ebenso wenig die engagierte Rettung meiner angeschlagenen Wenigkeit durch einen ansehnlichen hilfsbereiten Kommilitonen, der mich ohne persönliche Bekanntschaft nach Beobachtung des überfallartigen Unfalls und der nachfolgenden Fahrerflucht gegen meinen vehementen und zeitraubenden Protest in die Uniklinik verfrachtet hatte!

Nicht auszudenken, woran sich diese „retrograde Amnesie" ohne Salbers in die Wissenschaft lotsende Vorlesung und ohne die so implantierte Faszination für Anna Freud gebunden hätte, oder wie ich mich als Medizinstudentin nicht mit der Psycho-Logik des Verkehrsunfalls, der sinnbildlichen Erfahrung der ubiquitären Ungeschütztheit oder dem Problem der „Unfäller" im Allgemeinen samt deren Wiederholungsneigung im Besonderen oder dem Phänomen der Fehlleistungen überhaupt beschäftigt hätte, was mir durch die psychoanalytisch-morphologische Psychologie aber schon selbstverständlich war: Wieso sah mich im Unterschied zum weiter entfernten Kommilitonen dieser Fahrer nicht, über-sah dieser mich, der sich im Nachhinein als der Gatte der Tochter einer engen Arbeitskollegin meiner Mutter erwies? Welche Bewandtnis hat es damit, dass der Unfall nur 100 Meter nächst einer Berufsfachschule vorgefallen war, an der meine Mutter zum gleichen Zeitpunkt und zum schweren Leidwesen meines

Vaters ihre Weiterbildung zur Meisterin absolvierte und um Emanzipation rang! Zu-Fall bzw. einzubeziehende Aspekte bei Analyse und Verarbeitung des Vor-Falls und seiner Folgen?

Habe ich beim Überqueren der Straßenkreuzung am Melatenfriedhof, – auf welchem ich als Kind hundertfach gespielt hatte – nach anderem Ausschau gehalten, als dem Tross der Karossen, in denen sich gemeinhin trotz eingesetzter Kontaktlinsen kaum erkennen ließ, wer so drin sitzt? War ich nur „mal wieder in Gedanken"..., vielleicht noch in der illuminierenden Vorlesung zur Entwicklungspsychologie oder bei der Frage, ob sie, meine Mutter, sich eines Tages doch noch scheiden lassen würde, was neuerdings ohne juristischen Schuldnachweis machbar war?

Als sich Professor Salber nach einer Zwischenprüfung, während der sowohl er als auch ich nicht umhin konnten, deutlich zu lange schweigend auf das exorbitante Schlottern meiner Knie zu starren, erkundigte, was ich später einmal mit der Psychologie anfangen wolle, rückte ich jedenfalls achselzuckend mit dem Ein-Fall „Entwicklungspsychologie?" heraus und generierte eine wohlwollende Zustimmung, die jedoch vor allem darin begründet gewesen sein dürfte, dass ich zu verstehen gab, mich noch ein wenig weiter entwickeln und noch vieles lernen zu können.

Der Wolf als Hexenhaus.
Von Salber gemalte Märchen-Metamorphose.

So ließ er in meinem Fall sicher manches mal Gnade vor Recht ergehen, und es entspann sich ein, wenn auch karger, aber nie gerissener kostbarer Faden, bis er mir einige Jahrzehnte später ein von ihm gemaltes Hexenhaus angedeihen ließ, dessen Gehäuse und Zugehweg sich bei längerer Betrachtung in die ausufernd lange schlangenförmige blutrot gefräßige Zunge eines in der Zuckerbäckerfassade eines niedlichen Hüttchens versteckten Wolfsantlitzes verwandelt! Mir zeigt er damit ein solchermaßen radikal demaskierendes, aufrührendes, desillusionierendes und unbequemes Bild von Lebensverhältnissen mit spezifischem Konstruktionsproblem auf, dass ich immer wieder Anwandlungen feststelle, diesen scheußlichen Quadratmeter bemalten Holzes ‚einfach abzuhängen', umzuhängen, zu verbannen, aus dem Blickfeld zu rücken, zu verstauen ..., und eröffnete mir damit unter anderem doch einen unbezahlbaren Zugang zu Stücken wie Konstantínos Kaváfis' „Stärkung":

„Wer sich sehnlich wünscht, die Geisteskraft zu stärken
muss den Respekt verlernen und die Unterwürfigkeit
Von den Gesetzen wird er nur einige befolgen
meistens wird er gegen sie verstoßen
Wie auch gegen die Sitten.
Die Einfalt wird er fahren lassen.
Von den Lüsten wird er lernen – viel.
Die Tat, die ihn hinabreißt, wird er nicht mehr fürchten;
Das halbe Haus muss abgerissen sein.
So wird er sich erkennen und tugendhaft entwickeln."

Der Fahrer des damaligen Unfallwagens, seinerzeit als Schlüsseldienstmonteur tätig, verletzte in der Folge nochmals und zugleich mehrere Menschen, indem er ‚aus Versehen' in eine Fußgängerzone hineinfuhr! Die Tochter der damaligen Arbeitskollegin verließ diesen Mann, obwohl ich aus ‚Rücksicht' auf dessen prekäre Lebenslage von einer Anzeige abgesehen hatte. Meine Mutter trennte sich nicht und war bald der festen Überzeugung, dass es sich um einen Fahrradunfall gehandelt habe, und ich entsinne mich immer wieder aufs Neue des subversiven Professors, der mir wie vielen Passantinnen und Passanten die Augen für die Verhältnisse und Gesetzmäßigkeiten, Dimensionen und Versionen des seelischen Geschehens öffnete, und dem nun auf dem großen Umschlagplatz Melaten ein Gedenkstein gesetzt ist, vor dem vielleicht schon wieder unbemerkt Ehrenfelder Kinder spielen, sich schön schaurige Geschichten und weise Märchen erzählen ...?

Eine bekanntlich kaum überschaubare Menge an Vorträgen, Publikationen, Zeichnungen des Professors von jeweils sparsamster Knappheit und hochverdichteter Qualität mitsamt zahllosen Alltagsproduktionen veranlasst mich zu hoffen, dass er seine Lebenszeit ausgiebig auskostete, seine Wissbegier annähernd befriedigte und das Geheimnis des Todes noch in ‚seinem Sechseck' unterbringen konnte.

Quelle: Konstantínos Kaváfis (2014) 1863-1933 IM/VERBORGENEN, Berlin: Verlagshaus J. Frank.

„Nachbilder“: Salber eröffnet 2008 eine Ausstellung mit seinen Gemälden. Freiraum, Köln-Sülz.

Vom Apple zum Apfel

Peter Franken

Es war irgendwann in den späten 1990ern, Wilhelm Salber war gerade emeritiert. Ich selbst befand mich nach dem Diplom auf Lehr- und Wanderjahren auf dem Gebiet der Marktpsychologie. Ich wurde gefragt, ob ich „dem Professor“ eine private Einführung in den Umgang mit dem Computer geben könne. Insbesondere interessierte ihn die Bildbearbeitung, also Photoshop, und die Möglichkeiten des Bilder-Morphens.

Ich fuhr mit gemischten Gefühlen nach Klettenberg, wo Salber damals wohnte. Mich beschäftigte, was wohl von dem Umbruch in den Ruhestand zu sehen sein würde – und dass die Morphologische Psychologie an der Universität, wie ich sie im Studium kennengelernt hatte, nun Geschichte war.

In Erinnerung geblieben ist mir zunächst die dreifache Sicherung der Wohnungstüre. Das hatte wohl mit der Sammlung an Kunstwerken zu tun, die Salber damals schon besaß. Er begrüßte mich freundlich, wirkte aber deutlich zerbrechlicher, als ich das aus Hörsaal-Zeiten in Erinnerung hatte.

Es war dann ganz anders und zugleich wie immer, Weiterführung in Brechung. Wir nahmen am Küchentisch Platz. Salber richtete mit wenigen Utensilien und Anweisungen eine Arbeits-Verfassung ein: nebeneinander saßen wir vor dem Laptop, Salber mit Zettel und Bleistift, um sich Notizen zu machen, „so wie Sie das als mein Student auch gemacht haben!". Das vertraute Arbeiten, aber auch der Dreh, diesmal die Rolle des Schülers einzunehmen, schien ihm großen Spaß zu machen.

Ich hatte mir einen Plan zurechtgelegt, wie ich dem Herrn Professor den Computer näherbringen könnte. Tapfer versuchte er, etwas von dem Technik-Zeug aufzunehmen, das ihn aber bald langweilte. Sein Interesse wurde erst wieder geweckt, als wir zu den Bildern kamen. Wir experimentierten an alten Fotografien herum, stellten darin Figuren um, probierten Färbungen, Dopplungen, Überlagern und Vermischen aus. Dem Herstellen von Bild-Versionen konnte er endlich etwas abgewinnen.

Zwischendurch machten wir eine Pause und gingen über den Wochenmarkt, Einkäufe erledigen. Salber kaufte mir einen Apfel – das war wie ein Morphen in ein weiteres, berührendes Bild.

Das Ergebnis des kleinen Computerkurses war letztlich, dass der PC kein geeignetes Werkzeug für ihn war. Er blieb bei Stift und Papier. Einige Jahre später entwickelte Salber die Zeitschrift „anders", und es hat mir über mehr als acht Jahre viel Freude gemacht, ihm beim Arbeiten mit Texten und Zeichnungen zuzusehen. Oft gab es dabei Kaffee und Kuchen. Den Computer-Part habe ich dann übernommen.

Sparkasse
2011

Das Studium der Psychologie bei Salber

Eine Erinnerung – zur Erinnerung!

Friedrich Wolfram Heubach

Es ist nicht so, dass ich mein Studium an der Universität Köln mit der festen Absicht begonnen hätte, ein Psychologe zu werden. Zwar brachte ich diesem Fach ‚Psychologie' ein großes Interesse entgegen – aber daraus einen Beruf zu machen, lag mir eher fern. Nicht so sehr aus Realismus, weil es damals noch kaum institutionalisierte Tätigkeitsfelder für Psychologen gab, sondern vielmehr weil da noch andere Fächer wie die Kunstgeschichte und die Germanistik waren, denen gleichfalls mein Interesse gehörte. Mit diesen irgendwann beruflich zu tun zu haben, erschien mir zwar auch nicht irgendwie realistischer, aber allemal attraktiver, war doch Heilen und Helfen nicht mein Thema. Im Gegenteil.

Dass aber dann irgendwann die Psychologie sehr wohl zu meinem Feld wurde und die anderen Fächer nicht mehr auf meinem Belegbogen auftauchten, hatte ganz unterschiedliche Gründe. Auf jeden Fall aber lag es nicht so sehr an der Psychologie als dieser Wissenschaft, wie sie damals gängig war, sondern vielmehr an der Psychologie, wie sie sich in Salbers Vorlesungen und Seminaren mir darstellte. Selbstverständlich war dieses Bild, welches ich da von diesem Fach gewann, sozusagen nur von einer Vor-Bildqualität und hat mir meine spätere langjährige Tätigkeit an Salbers Institut eine klarere und differenziertere Auffassung von seiner Psychologie – sprich: von einem dezediert psychologischen Denken – vermittelt.

Was dieses Denken Salbers in theoretischer Hinsicht auszeichnet, ist eine herausfordernde Frage – eine andere, mir hier nähere, ist die: Was war es denn im Besonderen und ganz konkret an Salbers Vorlesungen und Seminaren, das mir damals den Anstoß gab, mich für das Fach ‚Psychologie' zu entscheiden und schließlich für mein psychologisches Denken vorbildlich wurde?

Man wird einwenden können, dass ich, dieser Frage nachgehend, in der anekdotischen Schilderung meiner frühen Begegnung mit Salbers morphologischer Psychologie die Entwicklung gänzlich übergehe, die sie dann über die Jahre zu einer psychologischen Morphologie genommen hat. – Sei's drum: es geht mir in diesem Rückblick schlicht darum, etwas von dem Zauber kenntlich werden zu lassen, wie er – nach Hesse – jedem Anfang innewohnt und wie ihn denn auch der Beginn meines Studiums der Psychologie bei Salber für mich besaß. – Und das offensichtlich in einer sehr nachdrücklichen Weise, denn selbst nach all den Jahren sind mir sofort drei Konfrontationen gegenwärtig, die beispielhaft illustrieren können, worin jener Zauber bestand bzw. wovon er damals für mich ausging.

Um mit der Konfrontation zu beginnen, die bei mir - in meinem Buch „Das bedingte Leben – Theorie der psycho-logischen Gegenständlichkeit der Dinge" – die offensichtlichste Nachwirkung zeitigte: In einer seiner Veranstaltungen zur Persönlichkeits-Psychologie verlas Salber die detailreiche Beschreibung, die Gottfried Keller von den Dingen gibt, die sich über die Jahre in der Schatulle der nach einer kurzen Liebschaft ehelos gebliebenen Jungfer Züs Bünzlin zusammengefunden hatten. Mit der sich anschließenden, subtil ins Einzelne gehenden Analyse dieses auf den ersten Blick eher verdutzenden Sammelsuriums verschiedenster Dinge ließ Salber seinen Hörern deren Ensemble als ‚Charakterbild' der Jungfer plausibel werden. – Und demonstrierte damit, dass und wie das, was die Psychologie mit ihrem Konstrukt ‚Charakter' als eine regulative Instanz im Subjekt konzipiert, sich nicht nur in dessen Verhalten manifestiert, sondern zugleich in den ihm in seiner Alltagswelt nahen Dingen ausprägt.

Dass also die Schatulle einer Jungfer mit dem Eigenartigen der in ihr über die Jahre zusammengekommenen Dinge für einen Psychologen genauso aufschlussreich und von derselben wissenschaftlicher Relevanz sein kann wie die bei den Psychologen so hoch angesehene Skinner-Box mit den in ihr zu beobachtenden Reaktionen der Ratte, – diese mainstream-ferne Auffassung vom wissenschaftlichen Gegenstand der Psychologie sagte mir sehr zu. Und sie fiel bei mir nicht zuletzt auch deshalb auf fruchtbaren Boden, weil mir nicht erst die Lektüre von Marx'ens Schriften zu der Ansicht verholfen hatte, dass dieser Mensch, wie er da in den von ihm präferierten und seine Alltagswelt ausmachenden Dingen sich sozusagen selber ausstellt und seiner Eigenheit zu vergewissern sucht, zugleich umgekehrt auf das Unmittelbarste von den in seiner materiellen Umwelt allgemein herrschenden Bedingungen geprägt ist. Und eben dieser hier offenbar werdende Doppelsinn der Rede von einer in den Dingen stattfindenden Vergegenständlichung des Menschen war es, um dessen psychologische Exploration es mir dann später in dem eingangs erwähnten Buch zu tun war.

War schon diese Auffassung Salbers vom wissenschaftlichen Gegenstand der Psychologie dem damals darüber herrschenden Konsens sehr fern, so machte er in einer anderen Veranstaltung etwas zum Thema, was dem damals gängigen Verständnis von der gesellschaftlichen Funktion der Psychologie eher quer ging und zu dem heutigen in denkbar größtem Kontrast steht. Ich denke da an ein Seminar Salbers, das der Analyse von Nietzsches Streitschrift „Zur Genealogie der Moral" gewidmet war und seine Teilnehmer damit herausforderte, hier etwas gesellschaftlich so hoch Estimiertes wie das moralische Handeln einer psychologischen Kritik unterworfen zu sehen. Einer Kritik, in der die Motive dieses Handelns nicht nur fragwürdig, sondern nachgerade von der Art erscheinen konnten, wie sie ansonsten der Psychologe als Perversion zu verstehen gelernt hat.

Diese Offenheit, in der sich Salber hier mit einer solchen gesellschaftlichen Nötigung wie der Moral auseinandersetzte, war kennzeichnend auch für andere seiner Veranstaltungen,

in denen er sich etwa mit zeitgeistigen Klischees der Pädagogik oder mit bestimmten Ideologien der Kunst befasste, - sie beeindruckte mich immer wieder und gilt mir bis heute als unabdingbar für ein radikal psychologisches Denken. Allerdings war – man denke etwa an „Die Unfähigkeit zu trauern" oder „Die Unwirtlichkeit unserer Städte" der Mitscherlichs – eine solche psychologische Kritik an gesellschaftlichen Werten und Verhältnissen damals nicht so ungewöhnlich wie heute. - Da es verbreitet ist, Psychologie als ‚Angewandte Empathie' mit der Zielvorgabe zu verstehen, den Menschen seiner Eigentlichkeit zu überführen, will sagen: ihm das, was seitens der Gesellschaft gerade dafür ausgegeben wird, zur Gewissensschuld zu machen.

Und dann war da noch das Schmollen, sprich: Salbers über mehrere Seminarstunden gehende Exploration dieses eigentümlichen Verhaltens, wie es Gottfried Keller in seiner Erzählung „Pankraz der Schmoller" schildert und wobei er wohl, so berichtet zumindest die Literaturwissenschaft, auf schwierige Erfahrungen im eigenen Leben zurückgreift. Was mich an der Darstellung faszinierte, die Salber von diesem Verhalten gab, das jedem Menschen und oft genug nicht nur aus Kinderjahren bekannt sein dürfte – was war das?

Zum einen, dass hier das Funktionieren des Psychismus einmal nicht in ‚Verdrängung', ‚Sublimierung', ‚Problem-Lösen' oder sonstwie abstrakt-begrifflich rubriziert zum Gegenstand gemacht wurde, sondern in einer ganz konkreten, anschaulichen Einheit des Verhaltens. Es war zum anderen, wie es Salber gelang, diesem trivialen, eines wissenschaftlichen Interesses kaum würdig erscheinenden Verhalten des Schmollens eine nachgerade existenzielle Dimension zu geben. – Es kenntlich werden zu lassen als eine situative Zuspitzung in jenem changierenden Zugleich von Ich und von Objekt, das strukturell kennzeichnend ist für die Selbsterfahrung eines Subjekts und das hier sozusagen strategisch ausgespielt: Indem dass da ein Mensch, der sich von der ihm irgendwas verwehrenden Welt zutiefst in seinem Ich gekränkt erfährt, sich - ihr gegenüber wie tot stellend – zu einem diese Welt zunehmend verstörenden stummen Objekt macht ... auf dass diese sich in seinem Anblick doch bitte der Schnödheit inne werde, ihn in seinem Begehren verneinend, als wie ein fühlloses Ding behandelt zu haben ... und sich womöglich die von seinem Verhalten irritierte Welt um des eigenen Seelenfriedens willen zuguterletzt bereit findet, den da unverwandt Schmollenden wieder ins Leben zurückzurufen: ihm also endlich doch zu gewähren, was er so begehrte und dessen Versagung durch die Welt für ihn so ‚tödlich' war.

Mit der Lektion, die Salbers Analyse des Schmollens seinen Hörern damals in punkto ‚vernunftferner Verwickeltheit psychischer Phänomene' erteilte, setzte er dem psychologischen Denken hohe Maßstäbe, und es sei dahingestellt, ob ihnen die inzwischen zahlreich gewordenen Schüler Salbers heute immer zu genügen verstehen. Ich zähle zu ihnen und beanspruche das nicht. Aber auf jeden Fall war mir besagte Ana-

lyse Salbers vorbildlich bei meinem Versuch, den Schmoller im Rahmen eines Vergleichs mit dem Fall des Dandys und des Simulanten in seiner phantastischen Heroik, in seiner namentlich für einen psycho-ästhetisch interessierten Psychologen so lehrreichen Unvernunft angemessen zu würdigen.

Bleibt abschließend noch einzuräumen, dass ich in diesem Rückblick den Zauber, den der Anfang meines Studiums der Psychologie bei Salber für mich besaß, allein in sachlicher Hinsicht dingfest zu machen suchte, also außer Acht gelassen habe, wie sehr er auch ganz unsachlich mit der Person Salbers verbunden war, mit seinem so beneidenswert zugleich jugendlichen und souveränen Auftreten.

Rucksack, Weste, Bronzen, Apfel

Susanne Wiesmann

2011 unternahmen Wilhelm Salber, Hans Christian Heiling und ich eine Reise nach Burgund mit dem Ziel, die Figuren an den Kapitellen der Kathedrale Saint Madeleine in Vézelay und Saint-Lazare in Autun anzusehen. 2014 begleitete mich Wilhelm Salber zu einer Forschung für das Kunsthistorische Museum Wien nach Wien. Auf diesen beiden Reisen fielen mir ein paar Dinge auf, die ich besonders mit Wilhelm Salber verbinde und die für mich zugleich Symbole der Morphologischen Psychologie geworden sind. Auch ein kleines Picknick mit Wilhelm Salber gehört dazu.

Der Rucksack, mit dem Wilhelm Salber zu einer einwöchigen gemeinsamen Reise nach Wien aufbrach, war ein kleiner Wanderrucksack, der locker gefüllt war. Er warf sich den Rucksack mit jugendlich schwungvoller Geste über die Schulter und ging mit federndem Schritt wie ein Mann, der zu neuen Entdeckungen aufbricht, durch die weiten Gänge des Flughafens voran. Wilhelm Salber verblüffte mich, die ich mit Koffer und Laptoptasche etwas langsamer daherkam, durch die Dynamik, die er durch sein leichtes Gepäck ausstrahlte. Selbstverständlich enthielt es genug, um auch für einen Theaterabend würdig gekleidet zu sein, wie ich später feststellte. Dieser kleine Rucksack blieb wie eine Botschaft in Erinnerung.

Mit leichtem Gepäck unterwegs in Burgund und Rom.

Der Rucksack hat mich nicht nur in seiner Bescheidenheit beeindruckt. Dieser Verzicht auf schweres Gepäck repräsentiert auch das ganze Wesen der von Wilhelm Salber begründeten Morphologischen Psychologie. Angesichts der Technisierung der psychologischen Tätigkeit und der Ausrüstung, mit der Forscher 2017 psychologische Erkenntnisse generieren, ist auch die Morphologische Psychologie bescheiden: sie kommt strenggenommen mit Stift und Papier aus. Damit hat man alles Wesentliche dabei. Denn als Morphologischer Psychologe ist man selbst das Instrument der psychologischen Arbeit und Erkenntnis: Hinschauen, Fragen, Beschreiben gemäß der Morphologischen Methode ist das Wesen der Tätigkeit. Natürlich muss man dazu die Methodik auch beherrschen. Kennt man das Funktionieren des Seelischen als Gestalt und Verwandlung und die Verwandlungsgesetze, wie sie Wilhelm Salber entwickelt hat, ist man ausreichend ausgerüstet. Der Rucksack verdeutlicht dabei, wie flexibel und auf unterschiedlichste Themen anwendbar die Morphologische Psychologie ist. Der Rucksack wie die Morphologische Psychologie eignen sich für Reisen in unbekannte Welten.

Neben dem Rucksack gibt es ein weiteres Ausstattungsstück von Wilhelm Salber, das für mich eine umfassende Bedeutung gewonnen hat: seine Weste. Diese Weste war keine übliche Weste. Vielmehr erschien sie mir zauberhaft, da sie viele Taschen und Fächer enthielt, aus denen Wilhelm Salber bei Bedarf Farben, Wassertöpfchen zur Pinselreinigung, Pinsel, Malheft, Handy, Taschentuch, Stift, Büchlein, Taschenmes-

ser und sicher auch noch anderes hervorzaubern konnte. In Frankreich fertigte Wilhelm Salber derart ausgerüstet ohne viel Aufhebens eine Skizze der Kathedrale Saint-Lazare an und kolorierte diese zudem. Es war die reine Freude, ihn etwas aus dieser Weste herauszupfen zu sehen, und er selbst liebte es, so ausgestattet und für alles gerüstet zu sein, ohne dass es unmittelbar sichtbar war.

Diese Weste verkörpert für mich das stets Überraschende in den Begegnungen mit Wilhelm Salber. Was immer wir besprachen, er zeigte etwas Neues auf. Er erweiterte jedes Mal den Blick auf das Thema, indem er etwa einen Kontext weiterfasste, Banales beim Namen nannte oder auf historische Tatsachen verwies. Autoren, deren Namen ich noch nie gehört oder deren Bücher ich noch nicht gelesen hatte, wurden zum Verständnis zitiert und überraschten wie die Dinge, die aus der Weste zum Vorschein kamen. Dieser stete Anstoß dazu, sich nicht fest in einem Gedanken einzurichten, war wie eine Schulung für eine psychologische Haltung, die sich von keinem Trend vereinnahmen lässt und keiner Moral oder politischen Richtung folgt. Vielmehr wird wie aus der Weste mal das Zeichenset, mal das Messer, mal das Heft herausgezogen bzw. werden immer vielfache Perspektiven auf ein Thema eingenommen. Das alles ist in den Versionen methodisch gefasst und in den sechs Wirkungszügen als systematischer Perspektivwechsel ausgeformt.

Es gibt ein Drittes, das ich in den vielen Jahren gerne betrachtet und zu verstehen versucht habe: es sind die Ringe von Wilhelm Salber. Diese entwarf er selbst, formte sie in Wachs und brachte sie dann zu den Schmuckkünstlern, die nach dem Modell die Ringe gossen, teilweise aus Münzen oder anderem Material. Die Ringe wirkten rätselhaft und zogen meinen Blick jedes Mal magisch an. Ich habe sie nie ganz verstanden, auch wenn Wilhelm Salber sie erklärte. Im hohen Alter schienen die Ringe ein großes Gewicht an den filigraner werdenden Händen zu gewinnen. Dadurch gaben sie aber auch der Rede, die durch die Gesten der Hände unterstrichen wurde, ein größeres Gewicht. Wie seine Ringe an der Hand funkelten aus dem schönen Altersgesicht von Wilhelm Salber zudem auch die Augen, so dass er selbst wie eine lebensvolle Verheißung wirkte. Während des Gesprächs folgte mein Blick immer wieder den Ringen als Ergänzung zu dem Blickkontakt.

Die Ringe wurden für mich zum Symbol für die rätselhaften seelischen Phänomene, aber auch für die Lust, diese verstehen zu wollen. Das Eigentümliche der Ringe spiegelt für mich auch das Eigentümliche der seelischen Gestalten, deren Geheimnis immer wieder neu zum Verstehen herausfordert. Der Herstellungsprozess der Ringe zeigt dabei, dass dieses Verstehen durch Prozesse hindurch muss und nicht auf Knopfdruck zu haben ist.

Als weiteres möchte ich die Liebe von Wilhelm Salber zu kleinen Bronzen herausheben. Ich begleitete Wilhelm Salber ein paar Mal in Antiquitätengeschäfte in Burgund und in Wien. Diese Vorfreude beim gezielten Ansteuern der Geschäfte! Das Heraussuchen, Entdecken und Befingern der Objekte! Der Dialog mit dem Antiquar, der sich freute, solch ein kundiges Gegenüber zum Fachsimpeln gefunden zu haben – und der oft auch noch ein wenig belehrt wurde! Teuer wirkende Objekte wurden schnell als unangemessen abqualifiziert. Für das gekaufte Objekt wurde freundlich, aber konsequent ein annehmbarer Preis ausgehandelt. Diese Bronze-Suche gab dem Stadtbummel eine Richtung. So wie die Besichtigung von Gebäuden und Museen überlegt ausgewählt wurde, hatte auch das Schlendern eine Führung. Diese ließ spontane Käufe und Entdeckungen zu, blieb aber doch thematisch fokussiert.

Es überraschte mich bei diesen Touren, wieviel Stärke Wilhelm Salber aus der Aus-Wahl heraus entwickelte. Das galt auch für die gemeinsame psychologische Arbeit: Der Verzicht auf ‚alles Mögliche' erlaubte es, das Mögliche um so intensiver ins Auge zu fassen – wie Wilhelm Salber auch die kleinen Bronzen aus der Fülle von Kunstwerken auswählte und bevorzugte. Sie erhielten in seinem Haus einen würdigen Platz und wurden bei Besuchen vorgezeigt und bestaunt. Bei Analysen in seinem Haus wirkten sie als schöne, rätselhafte Gestalten aus dem Hintergrund heraus in die Analyse hinein, wie Repräsentanten der seelischen Produktionen in all ihrer Vielfalt und Eigenwilligkeit.

Ein kleines Picknick mit Apfel und Käse gehört zu den beeindruckenden Erlebnissen mit Wilhelm Salber. Dieses abendliche Mahl bestand aus einem Apfel, einem Stück Käse, das wir morgens auf dem Markt erstanden hatten, Baguette und Rotwein. An einem der verwaisten Ruhetagstische unseres alten Hotels aus dem 17. Jahrhundert in einem ruhigen Eck hatten wir alles ausgepackt. Wilhelm Salber zog sein Taschenmesser hervor und zerteilte den Käse in gleichmäßige Dreiecke und begann dann, den Apfel für uns zu schälen und auch diesen in Scheibchen zu schneiden. Er tat das mit so viel Sorgfalt, dass sich eine andächtige Konzentration auf diese schönen Zutaten ausbreitete. Es waren schlichte Dinge, die nun aber ihre ganze

Schönheit entfalteten und von uns mit größtem Genuss langsam verzehrt und bis auf den letzten Krümel ausgiebig gewürdigt wurden. Allmählich setzte auch das Gespräch wieder ein, die Eindrücke des Tages wurden ausgetauscht, die Vorhaben für den nächsten Tag überlegt.

Diese kurze Zeitspanne im Abendlicht eines gelungenen Tages, müde geworden von gemeinsamen, anregenden Erfahrungen, die in Gesprächen weiterbewegt und befeuert worden waren und in denen Wilhelm Salber schon das Thema für seine nächste Schrift vorbereitete – und dazu noch die Aussicht auf einen weiteren Tag dieser Art: das war wirklich Glück! Dieser schöne Moment verdeutlichte mir, dass Glück material erfahrbar ist wie in Apfel und Käse, aber nicht materiell zu erwerben ist. Nur der Kontext macht daraus eine herausragende Erfahrung. In einer Kultur, die ‚Glück' nur materiell misst, ist es schwer, diese Erkenntnis im Leben zu bewahren. Diese Dinge und die kleine Szene habe ich unter anderem vor Augen, wenn ich an Wilhelm Salber denke. Sie symbolisieren für mich aber auch die Morphologische Psychologie selbst: Mit Dingen wie Rucksack, Weste, Ringen, Bronzen, Apfel und Käse leben und gestalten wir den Traum unseres Lebens.

Die Morphologische Psychologie von Wilhelm Salber hat meine Berufswahl bestimmt und meinen Beruf zum Hobby werden lassen. Die Unternehmungen und Analysen mit Wilhelm Salber gehören zu den wertvollsten Erfahrungen meines Lebens. Dafür bin ich sehr dankbar.

Tanz der Gestalten im Kleinen und im Großen

Erinnerungen an Wilhelm Salber und seine Organisation

Herbert Fitzek

Gern nutze ich Erinnerungen dazu, Augenblicke, die mir etwas bedeuten, nachzuschmecken. Doch sind nicht alle Erinnerungen angenehm. Manche zeigen, was schiefgelaufen und gerade gerückt werden sollte, und manche leider auch, was nicht durch versöhnliche Gesten (oder die Versalität des Seelenbetriebes) aufzufangen ist. Wilhelm Salber war es immer wichtig, Klartext zu reden, so sind viele meiner Erinnerungen an ihn kostbar, andere ambivalent, manche auch schmerzlich – und jedenfalls wert, in ihrer Vielgestaltigkeit erhalten zu bleiben und überliefert zu werden.

Meine halbjährlichen Besuche bei Wilhelm Salber boten die Gelegenheit zum Austausch über abgeschlossene, laufende und geplante Projekte und gaben mir das Gefühl, etwas von den Anregungen meines Lehrers nach Berlin mitnehmen zu können. Bei einem meiner Besuche beauftragte er mich mit einer Arbeit über eine der sechs „Bedingungen" (Organisation), die 50 Jahre nach Erscheinen der Morphologie für die Zeitschrift „anders" „mit eigenen Worten" dargestellt werden sollte, ein Auftrag, der mir besonders wertvoll war und den ich gerne annahm. Als ich ihm beim letzten Besuch im Sommer 2016 den Beitrag präsentieren wollte, zeigte sich allerdings, dass Salber ein vorhergehendes Gespräch über den Aufsatz erwartet hatte und ihn, wie immer er geschrieben sein mochte, nicht akzeptieren konnte. Es wurde mir später mitgeteilt, der Aufsatz könne ja noch überarbeitet werden, allerdings hat mir Salber nicht mehr persönlich mitteilen können, was daran zu ändern sei. So wurde die „Organisation“ nicht zum Teil der „anders“-Reihe. Sie ist ein unerfülltes Projekt geblieben, und da der Inhalt des Textes kein Geheimnis ist, nutze ich ihn dafür, persönliche Erinnerungen an Wilhelm Salber und seine Organisation auf die Reihe zu bringen.

Marktforscher stellen ihren Interviewpartnern gern zur Anreicherung ihrer Ergebnisse die Frage danach, wie der zur Disposition stehende Sahnejoghurt, die zu untersuchende Zigarettenmarke oder das zu bewertende Smartphone als Person wären. Haben Sie sich schon einmal vorzustellen versucht, wen die Bedingungen im Hexagramm der Morphologie als Person darstellen könnten? Die Verfassung als Mensch? Die Historisierung als Wesen von Fleisch und Blut? Die Bedeutungsmetamorphose als Figur der Weltgeschichte? Sie hätten dazu, je nach Lebensalter, 50 Jahre Zeit gehabt, und wer die Morphologie seit 20, 30 oder 40 Jahren studiert, mag sich die Frage gelegentlich gestellt haben.

Zweifellos stehen die großen Figuren der Weltgeschichte für personifizierte Historisierung (Cäsar, Karl der Große, Napoleon). Die Ausbreitungstendenz können wir uns vielleicht in Person großer Schriftsteller und Entdecker vorstellen (Dante, Columbus, Proust), die alles umbildende Metamorphose als Revolutionär in Geist oder Tat (Jesus, Nietzsche, Picasso).

Blass bliebe unter allen Bedingungen vermutlich die Organisation, aus der weder die (mütterliche) Einübung spricht (nein, nicht Merkel, sondern Mutter Teresa), noch der (väterliche) Formzwang der Verfassung (Oliver Cromwell, George Washington), zwischen denen sie im Hexagramm gelagert ist und vermittelt. Als Person wirkt sie auf den ersten Blick wie ein stiller Teilhaber und dienstbarer Geist, der das Dichten und Weben des seelischen Geschehens im Ganzen bewerkstelligt. Die Organisation scheint auf den ersten Blick weniger prominent als andere Bedingungen und vielleicht auch weniger „sexy".

Die passende Besetzung wäre allenfalls im Bereich von Forschern und Wissenschaftlern zu verorten, die von der Komplexität und Eigenlogik der Organisation genügend fasziniert sind, um dem Plan der Natur, ihrer Ordnung, ihrem System eine Fassung zu geben. Wissenschaftlern ist eine persönliche Zurückhaltung und Bescheidenheit erwiesenermaßen häufig zu eigen – zum Leidwesen ihrer Biografen eignen sie sich weder richtig als Heldenfigur noch als Dämon (Einstein, Freud, Heisenberg).

Dass Wissenschaftler an „Organisationen" besonderes Interesse haben, lässt sich sehr deutlich an der Geschichte der Morphologie ablesen. Goethes Idee einer neuen Wissenschaft sollte nicht weniger leisten als eine naturgemäße Ordnung. „Zarte Empirie" würde der Natur ihr eigenes (Ordnungs-) Verfahren ablauschen, das Goethe im anschaulichen Prinzip des „Typus" verortete. Das Wirken von kleinen und großen Gestalten brachten die Goethe folgenden Psychologen auf Organisationsgesetze von Wahrnehmung und Denken, die sogenannten „Gestaltgesetze": Erleben und Verhalten orientieren sich daran, alles so einfach, rund und passend zu machen wie nur irgend möglich („Prägnanztendenz"). Deshalb operierten die Gestaltpsychologen gerne mit Punkt- und Linienmustern, mit (un-) geschlossenen Kreisen und ambivalenten Kippfiguren.

Die Verteilung der sechs Bedingungen an seine Schüler, die Salber kurz vor dem Ende seines Lebens vornahm, war eine menschlich bewegende Geste. Ein Freund großer Worte war er wirklich nicht, umso mehr bedeutete die „Vergabe" einer Bedingung eine symbolische Ehrung, die früheren Überantwortungen wie die „Abgabe" von Vorlesungen an seine Mitarbeiter und dem Verfassen gemeinsamer Aufsätze glichen. Mich erinnerte die Zuordnung der Bedingungen an Personen an eine frühe Erfahrung meiner Studentenzeit, in der das Familiär-Werden mit Morphologie eine scheinbar unerfüllbare Herausforderung darstellte. Uns schienen damals, überfordert mit der Vielfalt einer komplexen und überaus beweglichen Methode, die Bedingungen im Hexagramm wie ein Fels in der Brandung der Morphologie und deren Kenntnis als „Sesam Öffne Dich" für ihre praktische Anwendung. Zu dumm, dass sich (ausgerechnet) diese Rechenzentrale des morphologischen Denkens nur mühsam erschließen wollte. Fassbar schien uns anfangs nur die Organisation des psycho-

logischen Institutes, dessen unbestrittenen Mittelpunkt Salber darstellte, das in seinen Mitarbeitern, unseren Dozenten, aber selbst eine Varietät der Auslegungen von Morphologie anbot. So machten wir im Geheimen aus der Not eine Tugend und bedienten uns für die Erschließung des beziehungsreichen Hexagramms (ad usum delphini) der Repräsentanten der morphologischen Organisation. Ihre Gemeinsamkeiten und Unterschiede halfen uns ganz konkret dabei, die Bedingungen lebendig zu machen: der geduldig hinführende Vertreter der Einübung von Morphologie wie der virtuose Zauberer der Bedeutungsmetamorphose, der Haudrauf, dem sich alles in kürzester Zeit erschloss, wie der feinsinnige Zauderer, der sich bis zum Ende nicht festlegte, der Utopist phantastischer Ausbreitungen wie der formstrenge Vertreter eines kleinschrittigen Zuendedenkens.

Wilhelm Salber führt diesen Ansatz weiter, indem er Gestalten als „Erstes und Letztes“ im Seelischen beschreibt und neben der Prägnanztendenz auch die Umbildungstendenz der Gestalten betont. Seine Figuren sind komplexer: Raute, Hexagramm, Wirbel, Doppelspirale. Immer geht es darum, Gestalt als komplexes Ganzes zwischen Bildung und Umbildung zu „organisieren“. Deshalb muss alles durch das Nadelöhr des Einerseits und Andrerseits (Gestaltzug der Polarität), des So und zugleich Anders (Gestaltzug der Überdetermination), der Einheit der Gegensätze (Gestaltzug der Inversion). In der psychologischen Morphologie fangen die Gestaltfaktoren miteinander zu tanzen an, mal im Menuett

(Erweiterung, Entfaltung, Ergänzung) mal im Stil des Boogie-Woogie (paradoxe Märchenfigurationen).

Durchgängig daran war und blieb, dass die gestalthafte Ordnung des Ganzen nur Sinn macht bezogen auf konkrete Gestalten im Tageslauf. Die kleinen Figuren organisieren den ganzen Alltag. Das hatten bis dahin nicht etwa Psychologen, sondern Künstler gezeigt: aus Salbers Morphologie-Vorlesung von 1977 erinnere ich die Darstellung einer Entscheidungssituation bei James Joyce als „Abzweigung", eines Rauschs bei Wilhelm Busch als „Wirbel", einer Massage bei Charlie Chaplin als „Kreislauf mit Gegenverkehr".

Neu bei der Morphologie ist gegenüber allen anderen (Gestalt-) Psychologien, dass die Ordnungen im Seelenhaushalt wirklich sichtbar sind: Blumenbeete, Bücherregale, Sammeltassen, Strandburgen, Fußballspiele, Straßenverkehr, Verkehr im Allgemeinen. Salber zeigt die augenfälligen Ordnungen der Lebenswelt, die Symmetrien des Frühstückstischs, die ordnende Wirkung von Knöpfen an Westen (gestaltanalog zu den Geboten der Bibel, den TOP auf Vorstandssitzungen oder den Grundprinzipien wissenschaftlicher Modelle), Muster auf Obsttorten (Mandalas!), Platten auf Fußwegen, die zu symbolischen Ordnungshandlungen verführen (nie auf die Schwelle treten!) oder auch zu gegenläufigen Ordnungswidrigkeiten (jetzt gerade!).

Die Gestalten leben, sie sind inhaltlich bestimmt. Die Figuren oder „Figürchen", wie Salber sie gelegentlich (fast liebevoll) nennt, führen ein Eigenleben, sie reduzieren das seelische Gefüge auf merkwürdige Geometrien des „1 und 1", des „Du musst es Dreimal sagen", der „Quadratur des Kreises", und überraschen andererseits durch ihre sinnlich-konkrete Wirkung. Putzen ist zunächst „Aufgehen ohne Reste" (Gestaltgesetz), dann aber auch ein über sich hinauswachsender Kampf gegen Ungeordnetes. Streiten ist das Zuordnen nach „Gleich" und „Ungleich", zugleich ein gewalttätiger Umschlagplatz von Argumenten und Konkurrenten. Aufstehen verlagert eine horizontale Ordnung (Freud: Ruhelagerung – dabei zeigt sich das Seelische als verschiebbar) in die Vertikale (In-die-Gänge-Kommen, Druck von oben, Hierarchie des Terminkalenders). Zugleich ist das Aufstehen eine Keimform für Ordnungsrevolten („Aufstände").

Als ich gelernt hatte, dass die Morphologie nie ganz verstanden, wohl aber ganz ordentlich praktiziert werden kann, wenn man sich vom Anspruch des Alles-Wissens löst, wurde mir auch klar, dass die Organisation der Morphologie nicht vom Himmel gefallen war. Dahinter standen ältere, fundierte Traditionslinien, die Salber in seinen ersten Werken offengelegt hatte, aber von der gelebten Alleinstellung Salbers und seiner Schüler überdeckt wurden. In Organisationen denken heißt schließlich, sich als Organisation (von Wirklichkeit) neben andere Organisationen zu stellen. Es fällt auch heutigen Einwirkern und Ausbreitern schwer, die Morphologie in die

Reihe psychologischer Konzepte zu stellen, die wie sie Partei ergreifen für das (goethesche) Mitbewegen mit der Lebenswirklichkeit. Da sind – besser gesagt: waren schon vorher - zunächst einmal die Gestaltpsychologen, bei deren Gründervätern Salber lernte: Gestalten organisieren die Lebenswelt (Wertheimer), Handeln eröffnet Entwicklungsspielräume von Problemen (Köhler), aktuelle Abläufe organisieren sich in Handlungsganzheiten und Wirkungsfeldern (Lewin), alles Erleben gelangt aus Vorgestalten über Metamorphosen in Richtung von Prägnanz (Sander). Ich habe als junger Mitarbeiter Salber auf einem Vortrag vor der Gesellschaft der Gestaltpsychologen reden gehört und sah, wie beeindruckt diese vom alltagsnahen Umsatz der Gestaltidee waren. Zu ihnen habe ich Kontakt aufgenommen und war erstaunt, dass morphologische Gedanken nicht als Provokation, sondern als Anregung für eigenes Weiterdenken empfunden wurden. Heute bin ich selbst im erweiterten Vorstand der Gesellschaft. Den Kontakt zu psychologischen Organisationen ließ auch Salber nie ganz abreißen und gründete vor 30 Jahren eine („Gesellschaft für Kulturpsychologie") selbst mit. Andere Kollegen haben sich an der tiefenpsychologischen Traditionslinie der Morphologie orientiert und wichtige Arbeit für ihre Anerkennung als Therapie geleistet (besonders Dirk Blothner). Wer sich in der gelebten Organisation einer Hochschule bewegt, würde sich wünschen, da käme noch mehr ...

Ein aktuelles Forschungsprojekt unserer Hochschule orientiert sich an der scheinbar figuralen Organisation der Gestalten im Wirkungsraum. Studierende der BSP Business School Berlin wanderten im Frühjahr auf dem Jakobsweg und führten auf dem Wege Tiefeninterviews mit Pilgern durch (H. von Stülpnagel, M. Wottke). Ihre Beschreibungen zeigen, dass Pilgern alles andere meint, als „ich bin dann mal weg". Nach Santiago deutet ein „Alltags-Kompass" (Nordnordwest), der die als irritierend, belastend oder unüberschaubar erlebten Verhältnisse der eigenen Lebenswirklichkeit gleichsam magnetisch anzieht und neu auszurichten verspricht.

Die horizontale Gestaltungsrichtung charakterisiert das Wandern zunächst ganz konkret als Vorwärtsdringen von Ort zu Ort. Es bringt Gedanken und Gefühle sprichwörtlich auf die Reihe, setzt Auseinandersetzung und Reflexion in Gang und führt neue Vorsätze und Absichten ins Feld. Dem kontinuierlichen Vorwärts rückt das Ziel der Reise gestaltanalog auf gleicher Ebene entgegen. Psychologisch entspricht dem die Erwartung, dass dem auf den Weg gebrachten Eigenen neue Anregungen entgegenkommen: Landschaften, Orte, Bekanntschaften, Erlebnisse, Einfälle.

Die (horizontale) Entsprechung von Auf-den-Weg-Bringen und Entgegenkommen-Lassen wird unterstützt durch eine vertikale Orientierung, die traditionell durch den „Geist" von Santiago repräsentiert ist und das zunächst banale Laufen im Hinblick auf „Höheres" transzendiert. Das ist bei vielen längst nicht mehr der liebe Gott, sondern „Spirituelles“, „Eins-Werden mit der Natur“, „Zu mir selbst finden“. Zur Öffnung nach oben gehört andererseits (und wesentlich), was uns am Boden hält: die Strapazen der Wanderschaft, die Last der müden Füße, ohne die das meditative Abenteuer des Jakobsweges nicht möglich wäre. Die Strapazen der Tagesmärsche, galizischer Dauerregen, falsche Kleidung und schmerzvolle Blasen an den Füßen wollen leidend durchwandert werden. Im Ganzen organisiert sich das Jakobsprojekt in einem Takt von Hin und Her, von Auf und Nieder, Hochgefühl und Demut auf ein Ziel hin, das in einem symbolischen Zieleinlauf vor der Jakobskathedrale endet. Bewähren soll sich der Alltags-Kompass später in der eigenen Lebenswirklichkeit, die weniger klare Vorgaben und nachhaltige Zieleinläufe bietet – für viele Pilger ein Grund zur Wiederholung der Reise im nächsten oder einem späteren Jahr.

Man kann den Pilgerweg psychologisch als Beispiel für die sinnliche Organisation von Gestalten nach Maßgabe des Hexagramms verstehen. Dann handelt es sich um eine Wirkungseinheit, die nach dem Erklärungsschlüssel von Erweiterung, Entfaltung und Ergänzung im Hexagramm beschrieben und rekonstruiert werden kann. Dem Herkommen eines vermissten Alltagsrhythmus (Organisation) entspricht die Erweiterung auf der Ebene von Auf-den-Weg-Bringen – Entgegenkommen-Lassen (Einübung – Bedeutungsmetamorphose), die Entfaltung als Entwurf auf „Höheres“, kontrastiert durch mühevolles Durchwandern (Handlungseinheit – Verfassung), und die Ergänzung als Historisierung der eigenen Lebensgeschichte.

Dass „Organisationen" den Alltag im Ganzen zusammenhalten, zeigt deutlich, was diese Bedingung zu leisten im Stande ist, es zeigt aber auch, worin die Abgründe des Organisierens lauern. Wie jeder Zug im Hexagramm hat auch das Ordnen, Einfügen und Systematisieren eine Tendenz dazu, sich zu verselbstständigen und gleichsam Anspruch auf das Ganze an Wirkungsmöglichkeiten zu erheben. Das Aufgehen in kleineren und größeren Ordnungen, das Sich-Fügen in Zusammenhänge, Einpassen in Systeme, Rücksicht-Nehmen auf den jeweils bestimmenden Gesamtrahmen kann sich in ein (lustvolles!) Verschieben und Relativieren von Ansprüchen und Leistungen im Dienst vermeintlich höherer Ordnungen verkehren. Der Alltag des Gegenwartsmenschen kann ein Lied davon singen, dass Anstand, Ausgewogenheit, Ansprechbarkeit für alles und jeden an jedem Ort den Gesamthaushalt des Seelischen trotz Super-Ordnung ins Wanken bringen. Salber nannte das die „Heftigkeit" der Organisation und wünschte sich im persönlichen Gespräch mit mir, dass ich diesen (gefährlichen) Gesamtcharakter des wohlfeilen Hin- und Herwägens auf jeden Fall betone (was ich hiermit tue). Wie alle Wirkungstendenzen lässt sich auch die Kehrseite der Organisation am besten in konkreten Alltags-Produktionen entdecken. Das Über-Organisierte des Alltags fordert nämlich Gegenordnungen heraus, die klare Orientierung geben und Eindeutigkeit versprechen, wie (nicht nur) unsere Untersuchungen zum Jakobsweg als „Alltagskompass" zeigen.

Für die Morphologie des seelischen Geschehens ist charakteristisch, dass die (freie) Kunst des Beschreibens ohne das Handwerk der Organisation von Gestalten verwildern würde. Umgekehrt wäre aber auch sklavisches Haften am Bedingungsgefüge wenig hilfreich. Denn die Schaustücke der Lebenswelt sind immer mehr als (nur) Formenbildung. Sie alle haben einen Zug ins Universale, der die abgezirkelte Ordnung im Hexagramm überschreitet. Das Überschreiten der kleinen auf große Gestalten wird in der Forschungspraxis der Morphologen durch die Formulierung einer psychologisierenden Fragestellung festgehalten. Dabei wird herausgerückt, dass jede Gestaltbildung einen eigenen Sinn entwickelt, der die Konstruktion des Seelischen im Ganzen repräsentiert. In dieser Hinsicht ist der Jakobsweg über das Gefüge der Bedingungen hinaus eine individualisierte Variante des größten Abenteuers der menschlichen Zivilisation: der „Völkerwanderung" (Seelisches als universal durch Unruhe getriebenes Kollektivwesen).

Es ist eine wesentliche Entdeckung der Morphologie, dass die kleinen Gestalten das seelische Geschehen in solche personenübergreifende, ja welthistorische Projekte verwickeln. In der psychologischen Morphologie ist der Übergang von den optischen Figuren der Gestaltpsychologie zu den universalen Verhältnisse der Lebens- und Weltgeschichte immer deutlicher geworden (Intensivberatung/Seelenrevolution). Dieselben Gestaltgesetze (Nähe, gemeinsames Schicksal, durchgehende Kurve) organisieren den seelischen Zusammenhang im überschaubaren Feld der Wahrnehmung wie im Zusammenspiel der übergreifenden Kulturen von Alltag, Wirtschaft und Gesellschaft.

Den Umbruch der deutschen Wiedervereinigung beschrieben die Morphologen zum Beispiel im figuralen Sinne als „Zusammenfallen" einer geteilten Einheitsgestalt. Ein System organisierte Ost und West jahrzehntelang als gespaltene „Einheit" – Wiedervereinigung bedeutete in dieser Spaltungsorganisation außer Entlastung zugleich Zusammenfallen (Zerstörung) des Aufteilungssystems (von 1 und 1 = 1). Auch die heute vorherrschende „Auskuppelkultur" ist als Organisationsgesetz von Gestalten zu denken, keine pseudopolitische Ideologie, sondern basales Ausschalten der Gestaltgesetze von „Nähe" (Zugehörigkeit), „durchgehender Kurve" (Konsequenzen aushalten), „guter Gestalt" (nichts Moralisches, sondern der abhanden gekommene Anspruch auf ein proportioniertes Ganzes mit Chancen und Belastungen).

In den bedeutenden und weniger bedeutenden Wirkungseinheiten des täglichen Lebens findet sich die Organisation der Gestalten in immer wieder verblüffenden Mustern. Morphologie lernen ist – vom Gestaltgesetz der Organisation her – eine Ausbildung im Mustererkennen, geschult an den geometrischen Gestalten von „Punkt und Linie zu Fläche" (Kandinsky) wie an den machtvollen Figurationen von Alltag und Kultur (Seelenrevolution als Organisationsgeschichte der Kulturen). Wie beides zusammengeht, zeigt sich am leichtesten in den Werken der bildenden Kunst, die für Salber seit jeher „Prototypen" des Übergangs von anschaulicher in erlebte Wirklichkeit sind. Salbers erste veröffentlichte Wirkungsanalyse von Kunst, die Analyse des entschwindenden Engels von Rembrandt, ist ganz im Zeichen der Organisation von Gestalten verfasst: Vordringendes, Zurückweichendes, Sich-Entziehendes in einem komplexen Ganzen.

Wie geht es weiter mit der Morphologie? Was trägt ihre Organisation voran? Zu diesem Thema traf ich mich ein Jahr vor Salbers Tod mit der Gründerin unserer Hochschule (Business School Berlin), Ilona Renken-Olthoff, in seiner Wohnung und bestaunte (wieder einmal) die Fülle an Kunstschätzen, persönlichen Erinnerungen und kostbaren Büchern. Das Thema steuerte sehr bald – und ohne mein Zutun – auf die Frage der Nachwuchsförderung zu. Für die Grundlage sollte nach sechs Jahrzehnten der Entwicklung der psychologischen Morphologie und der Etablierung erfolgreicher Marktforschungsinstitute, Medien- und Organisationsberatungen, Ausbildungsinstituten und sicher auch der Wirtschafts-, Medien- und Sportpsychologie an der BSP gesorgt sein. Themen gehen der Arbeit, wie sich nicht zuletzt an jährlich 100 morphologischen Bachelor- und Masterarbeiten an unserer Hochschule zeigt, nicht aus. Als Wissenschaftler darf ich mir wünschen, dass die unbestrittene Praxistauglichkeit

der Morphologie nicht vergessen lässt, was darüber hinaus an theoretischer Weiterentwicklung (Märchenanalyse), der Teilnahme am wissenschaftlichen Diskurs (Austausch mit verwandten Konzepten) und dem Abschließen erfolgreicher Promotionen (es gibt sie, aber noch zu wenig) nötig ist, um die Möglichkeit zu erhalten (und auszubauen!), interessierte junge Leute für die morphologische Arbeit sensibel zu machen und auszubilden. Und hier meldet sich am Ende des Versuchs über „Organisation" noch ein persönlicher Schwerpunkt ...

In der Kunst wird der Übergang von „Bildgefüge und Erlebensgefüge" unübersehbar, hier zeigt sich, wie optische Figurationen menschliches Wirklichkeits- und Selbstverständnis erleben (und erbeben) lassen. Insofern geht die Kunst darüber hinaus, die Organisation des Lebens zu zeigen; die Kunst verrückt Ordnungen und lässt sich dadurch für den Übergang von Forschung in Beratung nutzen (kunstanaloge Behandlung; Kunstcoaching).

Anm. des Herausgebers: Was Wilhelm Salber unter „Organisation" verstand, stellte er in einem Text klar, den er für die Zeitschrift „anders" nach dem Gespräch mit Herbert Fitzek verfasste. Der Text unter der Überschrift „Organisation mit Metapsychologie" beginnt wie folgt:

„Es ist naiv anzunehmen, das Verstehen eines Konzepts, auch der Morphologie, führe nicht zu Missverständnissen, eigenwilligen Vereinfachungen, sogenannten Neu-Erfindungen und Ähnlichem. Daher erscheint es sinnvoll, zum Thema Organisation und Hieronymus Bosch einige Worte vorher zu sagen. Bei Organisation geht es um den Zusammenhang von Abläufen seelischer Stundenwelten, nicht um Organisationspsychologie von Unternehmen oder gemeinsamen Werken. Organisation meint nicht Rationalisierung. Organisation meint nicht formale Gestalt-Gesetze der Wahrnehmung. Organisation meint nicht Verfassung, die eine kunstvolle Vereinbarung zur Eingrenzung von Organisations-Breite ist. Organisation hat, wie die Morphologie überhaupt, nichts zu tun mit der Personalisierung von Bedingungen zu Kobolden oder ‚Göttern im Exil'. Es ging von vornherein immer nur um Grund-Verhältnisse, universale Verhältnisse, um Verhältnisse zwischen Ganzheiten und ihren Gliederungen oder Metamorphosen" (anders 31/2017, S. 20).

Morphologie und Musiktherapie

Rosemarie Tüpker

In der Musiktherapie in Deutschland, die sich in den 1970er Jahren etablierte, hat die Psychologische Morphologie möglicherweise ein größeres Gewicht als innerhalb der (akademischen) Psychologie selbst. Das hängt äußerlich betrachtet damit zusammen, dass das Fach Musiktherapie in sich sehr viel kleiner ist, sich erst spät etabliert hat und die morphologische Konzeptualisierung sich von Anfang an gleichberechtigt neben anderen Ausrichtungen, wie etwa der Psychoanalytischen Musiktherapie, der Schöpferischen Musiktherapie und der Integrativen oder Gestaltmusiktherapie, entwickelte. Auf der intrinsisch fachlichen Ebene aber deutet es auf eine Seelenverwandtschaft hin zwischen den Künstlerischen Therapien und einer Psychologie, für die die Kunst nicht nur ein Forschungsobjekt ist, sondern eine wesentliche Methode der Erkenntnisgewinnung. Zwischen der morphologischen Sichtweise und den spezifisch musikalischen Erfahrungen finden sich ebenso Parallelen wie zwischen der Sicht auf die kunstvollen Werke des Alltags und dem Hören der klanglichen Äußerungen musikalisch Ungeübter als bedeutsame Äußerungen einer seelischen Struktur und Verfassung. Der Gedanke der Selbstbehandlung, welche in der klinischen Behandlung lediglich eine Brechung erfährt, ist den Künstlerischen Therapien ebenfalls sehr nahe, weil die Ausübung von Kunst immer auch eine Selbstbehandlung ist und weil die Methoden der Musiktherapie auf solche Selbstbehandlungen zurückgreifen.

Ich selbst erlebte diese Seelenverwandtschaft anschaulich und unmittelbar, als ich 1976 nach meinen Musikstudium an der Musikhochschule Köln an die Universität kam und meine erste Vorlesung bei Wilhelm Salber hörte. Von Anfang an hatte ich das Empfinden, hier auf eine Psychologie gestoßen zu sein, die meine Erfahrungen in der Musik erfassen konnte und psychologisch beschreibbar machte. Dies setzte sich in den Seminaren fort, nicht nur in denen von Wilhelm Salber selbst, sondern ebenso in denen der Mitarbeiter des Psychologischen Instituts II unter seiner Leitung. Bei aller Unterschiedlichkeit der Themen und der individuellen Hintergründe war die Lehre dort, so meine Wahrnehmung, durch wesentliche Gemeinsamkeiten geprägt: Durch den Beginn des Fragens von den Phänomenen aus, das Denken in Bildern, Geschichten und Werken und durch den Versuch, einen wissenschaftlich eigenständigen seelischen Bereich hervorzuheben, der eigenen Gesetzmäßigkeiten folgt, die denen der Kunst sehr ähnlich sind und in denen das Paradoxe eine bedeutsame Rolle spielt. Eine Nähe zur Musik bestand dabei weniger über konkrete Inhalte, da die Musik als solche wenig vorkam, als darin, dass die Morphologie in übergreifenden Strukturen denkt, was der Musik, die sich ja gänzlich in der Entfaltung von Formen, ihrer Bildung und Umbildung in bewegten und bewegenden Klanggestalten, in Verdichtungen, Gegenzügen und Polaritäten entwickelt, verwandter ist als andere psychologische Denkweisen. So war ich von Anfang an fasziniert von diesem Ansatz und erlebte, dass ich hier noch einmal denken und in Sprache formulieren lernte, was ich zuvor in der praktischen Auseinandersetzung mit der Musik eingeübt, erlebt und erfahren hatte.

Ich erinnere mich an das erste persönliche Gespräch mit Wilhelm Salber, bei dem er mich mit Rücksicht darauf, dass Psychologie nicht mein Hauptfach war, freundlich fragte: „Wollen Sie sich das wirklich antun?“ Aber da war es schon zu spät. Nachdem das entschieden war, begleitete er meinen persönlichen Einstieg in das morphologische Denken und die Übertragung auf die Musiktherapie, konkret auch meine Dissertation, über viele Jahre mit großer Offenheit, vielen hilfreichen Unterstützungen und der steten Ermutigung, eigene Wege zu gehen. Seine Vorlesungen und Seminare waren für mich eine Quelle der Inspiration und machten die Hoffnung, dass das, was in der Musik als erlebbares Phänomen schon für sich „spricht“, sich auch noch einmal wissenschaftlich psychologisch zur Sprache bringen lässt, ohne dass bei diesem Prozess ihr Wesen allzu sehr verloren geht.

Durch äußere Umstände ergab es sich, dass ich nach vier Semestern parallel eine Ausbildung zur Musiktherapeutin beginnen und auf diese Weise eine erste und dauerhafte Verbindung zwischen der sich in Deutschland erst entwickelnden Musiktherapie und der Morphologischen Psychologie herstellen konnte. In Herdecke hatten der Psychiater Konrad Schily, einer der späteren Gründer der Universität Witten, und der Musiktherapeut Johannes Th. Eschen, Professor an der Musikhochschule Hamburg, ein Pilotprojekt, den „Mentorenkurs Musiktherapie Herdecke“, initiiert, an dem ich von 1978 bis 1980 als eine von 13 Studierenden teilnahm. Eine akademische Ausbildung in Musiktherapie gab es damals in Deutschland noch nicht, und so war es das Ziel dieser Initiative, mit einer intensiven Vollzeitausbildung unter optimierten (und durch Spenden gut finanzierten) Studienbedingungen eine erste Gruppe von Musiktherapeut*innen auszubilden, die neben der eigenen Praxis auch eine professionelle Hochschulausbildung in Musiktherapie anstoßen würden (vgl. Eschen 2010).

Für den Mentorenkurs hatten die Initiatoren die damaligen Pioniere der Musiktherapie, vor allem aus England, Dänemark, Kanada und den USA nach Deutschland geholt, und es gehörte zur Aufgabe der intensiv miteinander arbeitenden Studiengruppe, die sehr unterschiedlichen Ansätze und Theorien kreativ zu integrieren und weiterzuführen. Während die Einbindung der notwendigen medizinischen Grundlagen durch die Ansiedelung an einem Krankenhaus, welches durch eine anthroposophisch erweiterte Medizin, die zugleich den Wissensstand der „Schulmedizin“ lehrte, gut funktionierte, war für die psychologischen Fächer ein Verhaltenspsychologe engagiert worden, dessen Lehrangebot sich schnell als nicht geeignet erwies, weil das lineare Modell der Verhaltenspsychologie nicht in der Lage war, den künstlerischen Prozessen in der Musiktherapie nahezukommen. So war es sehr willkommen, als ich anbot, einen Kontakt zwischen dem Mentorenkurs und Wilhelm Salber herzustellen, durch den es dann zu einer festen Zusammenarbeit kam. Auch hier zeigten sich die Offenheit Salbers und seine spontane Bereitschaft, die sich entwickelnde künstlerische Therapieform zu unterstützen. Als Dozent fand der leider dann so frühzeitig verstorbene Werner Seifert sich bereit, den gesamten Psychologieunterricht zu übernehmen, und so lernten alle 13 Studierende das Beschreiben musiktherapeutischer Phänomene und eine Psychologie kennen, die tiefenpsychologische und kunstanaloge wissenschaftliche Grundlagen für die Musiktherapie bot. Viele Studierende ergänzten die im Kurs angebotene musiktherapiespezifische Selbsterfahrung durch eine morphologische Intensivberatung.

Mit dem Ende des Pilotprojektes 1980 entstand dann die „Forschungsgruppe zur Morphologie der Musiktherapie" (Frank G. Grootaers, Rosemarie Tüpker, Tilman Weber, Eckhard Weymann), deren praxisnahe Forschung in meine von Jobst Fricke und Wilhelm Salber betreute Dissertation „Ich singe, was ich nicht sagen kann. Zu einer morphologischen Grundlegung der Musiktherapie" (1988) einfloss. Anliegen der Forschungsgruppe war es zunächst, mit Hilfe der Morphologischen Psychologie musiktherapeutische Prozesse beschreibbar und wissenschaftlich rekonstruierbar zu machen, sowie musiktherapiespezifische Methoden zur Analyse von Behandlungsverläufen zu entwickeln. Mit einem Zyklus von vier Herbsttagungen (1984 – 1987) wurden die Ergebnisse der Zusammenarbeit mit interessierten Fachkolleg*innen diskutiert. 1988 gründete die Gruppe dann das „Institut für

Morphologie und Musiktherapie" (IMM) und bot insgesamt drei Mal eine mehrjährige Weiterbildung an, die mit einem Zertifikat in Morphologischer Musiktherapie abschloss. Daneben waren zahlreiche Fachtagungen, Kurse, Supervisionen sowie die Herausgabe der Schriftenreihe „Materialien zur Morphologie der Musiktherapie" Ergebnisse der Zusammenarbeit. Aufgrund der Praxisfelder der Ursprungsmitglieder des IMM lag ein inhaltlicher Schwerpunkt zunächst auf der Arbeit mit Erwachsenen und in der Psychosomatik. Erst später kamen Kolleg*innen hinzu, die etwa die Arbeit mit Kindern (Irle; Müller 1996, Reichert 2012) morphologisch konzipierten oder in der Psychiatrie mit alten oder behinderten Menschen arbeiteten. Im Unterschied zu anderen musiktherapeutischen Schulen war es uns immer wichtig, dass sich die Morphologische Musiktherapie nicht als ein bestimmtes musiktherapeutisches Verfahren versteht, sondern dass es gerade die jeweiligen Bedürfnisse der Betroffenen wie die gegebenen Bedingungen sind, die es mit einer je eigenen Konzeptentwicklung vom morphologischen Denken aus zu verstehen und zu gestalten gilt (vgl. Tüpker 1996). Deshalb sind die konkreten Umsetzungen einer morphologisch verstandenen Musiktherapie auch sehr unterschiedlich, folgen keinem festen Schema und definieren sehr unterschiedliche Behandlungs- und Kultivierungsaufträge.

Ein weiterer Unterschied in der Entwicklung, Präsenz und Bedeutung morphologischen Denkens innerhalb des kleinen Faches Musiktherapie zu der im großen Fach Psychologie

besteht nach meiner Beobachtung darin, dass die Notwendigkeit der Profilbildung durch Abgrenzung und Kontrastierung sich anders gestalten konnte. So wurde die Morphologische Musiktherapie zu Beginn von vielen als eine erste theoretische Fundierung begrüßt, stieß auf Interesse und Wohlwollen. Eher wurde die Profilierung der Musiktherapie als Ganzes als dringlich empfunden, galt es doch eine Gestalt herauszubilden, die sich im weiteren Sinne als Psychotherapie, als Behandlung mit seelischen Mitteln, versteht, und Abgrenzungen zur Musikpädagogik, zur „Musikapotheke" oder Klangmassage abzustecken. Von daher wurde die Nähe z. B. zu den psychoanalytischen oder von der Gestaltpsychologie her kommenden Ansätzen eher gesucht und die Verwandtschaft betont, um eine Trennschärfe gegenüber solchen Vorstellungen von Musiktherapie zu generieren, bei denen Vivaldi beruhigt oder Kühe bei Mozart mehr Milch geben. Die von Wilhelm Salber immer wieder betonte Notwendigkeit des „Übersetzens" wurde und wird von Musiktherapeut*innen vor allem auch in den Kliniken und sehr unterschiedlichen Institutionen, in denen sie arbeiten, verlangt, von der Psychiatrie bis zum Altenheim, von der Arbeit mit geistig behinderten Menschen oder in der Musikschule bis zur Sterbebegleitung oder kreativem Coaching. Die Arbeitsfelder der Musiktherapie sind sehr vielfältig und von unterschiedlichen Atmosphären, Traditionen und theoretischen Konzepten geprägt, so dass es gut ist, nicht nur in der musikalischen Auseinandersetzung, sondern auch im Denken kreativ und eigenständig zu sein, um das Eigene in der jeweiligen Umgebung weder in unverbundener Isolation oder aufreibendem Kontrast zu praktizieren, noch zu verlieren.

In den 1990er Jahren wurde die morphologisch orientierte Musiktherapie dann Teil der (insgesamt wenigen) Hochschulausbildungen in Deutschland: Ich selbst übernahm 1990 die Leitung der Musiktherapieausbildung an der Westfälischen Wilhelms-Universität in Münster, Eckhard Weymann leitete die Musiktherapieausbildung an der Fachhochschule in Frankfurt am Main und ist in leitender Funktion an der Musiktherapieausbildung der Hochschule für Musik und Theater in Hamburg beteiligt. Über Lehraufträge waren auch Frank G. Grootaers und Tilman Weber an den Hochschulausbildungen in Hamburg und Berlin beteiligt, und eine Absolventin der morphologisch-musiktherapeutischen Weiterbildung, Susanne Bauer, leitet seit 2004 den Musiktherapiestudiengang an der Universität der Künste Berlin. Weitere Absolvent*innen waren und sind an musiktherapeutischen Ausbildungen, viele in Kliniken und anderen Institutionen tätig.

In der Musiktherapieausbildung an der Universität Münster, die mit meiner Berentung 2017 leider komplett gestrichen wurde, gehörte die Morphologische Psychologie Wilhelm Salbers – neben der Psychoanalyse – zum Standardangebot und formte durch mehrere Lehrende, die ihr verbunden waren, den Blick bzw. das Hinhören auf das seelische Geschehen in der Musik und die von ihr aus gestalteten Beziehungen.

Wie sehr man darüber hinaus in diese Art des Verstehens einstieg, blieb dabei jedem selbst überlassen, man durfte aufgreifen, was einem entgegenkam und anderes liegen lassen. Ähnlich ist es in den Ausbildungen an den anderen Hochschulen. Auch dadurch sind die Verwandtschaften und Übergänge zu anderen Ansätzen deutlicher geworden, so etwa die Verwandtschaft zu den psychoanalytischen Objektbeziehungstheorien, aber auch zu bestimmten musiktherapeutischen Traditionen, etwa der Bedeutung des Beschreibens in der anthroposophischen Musiktherapie, der Orientierung an künstlerischen Prozessen in der Nordoff-Robbins-Musiktherapie oder dem Konzept der Gegenübertragung als Mitbewegung, die im Grunde in allen musiktherapeutischen Ausrichtungen von Bedeutung ist, auch wenn sie unterschiedlich benannt wird. Mit dem Versuch einer übergreifenden wissenschaftlichen Grundlegung der Musiktherapie zeigte z. B. Martin Drewer (2000) Verbindungen zwischen Morphologie, Gestaltpsychologie, Psychoanalyse, Konstruktivismus und neuerer Säuglingsforschung in der Musiktherapie auf.
Die Erlebensbeschreibung als Ausgangspunkt aller psychologischen Forschung lernten in Münster alle Studierenden der Musiktherapie kennen, ebenso die Paradoxien des Leiden-Könnens, Methodisch-Werdens, Anders-Werdens und Bewerkstelligens in der Behandlung. Sie übten sich ein in das Beschreiben des eigenen Erlebens beim Hören der musikalischen Produktionen aus der Musiktherapie, lernten den Niederschlag des seelischen Lebens in der Musik jenseits der Kategorien von Krankheit und Gesundheit kennen, die ei-

gene seelische Mitbewegung benennen und im Austausch der Beschreibungen in der Gruppe das Persönliche daran in einen intersubjektiven Kontext zu stellen. Je nach Jahrgang werden sich die Alumni aus Münster an weitere Beschreibungserfahrungen erinnern, so im Kontext der Münsteraner Skulpturenausstellung 2007, bei Besuchen in Münsteraner Museen, bei den stets verblüffenden psychologischen Erkundungen des Spülens oder Putzens, des Nichts-Tuns oder des eigenen Übens, der Märchen und des Improvisierens. Viele nutzten die Möglichkeiten der entwickelten wissenschaftlichen Verfahren aus der Morphologischen Musiktherapie für ihre Diplom- oder Masterarbeiten oder auch die Praktikumsberichte, einige fingen Feuer und begannen „das Original“ zu lesen. Vergnügen bereitete immer wieder das „Wühlen“ in den Zwischenschritten, bei dem alle Exemplare dieser Zeitschrift auf dem Tisch lagen und nach einer ganzen Seminarsitzung des Schmökerns und Schwatzens, sich jede*r einen Artikel zum späteren Referieren aussuchen durfte. Ein besonderes Erlebnis war denjenigen gegönnt, die Wilhelm Salber selbst erleben konnten, als er auf Einladung des Fördervereins Münster 2003 im Münsteraner Schloss einen Vortrag über den Menschen als Kunst-Werk hielt und am Abend zuvor im kleinen Kreis in seiner persönlich zugewandten Art auf Fragen einging und sich sehr für das interessierte, was Studierende der Musiktherapie beruflich vorhaben.

Zunächst mithilfe wohlwollender Kollegen, dann durch den Promotionsstudiengang Musiktherapie an der Universität

Münster entstanden morphologisch orientierte Dissertationen zur Musiktherapie (Jana Marie Kalle-Krapf 2007, Bernd Reichert 2012, Heike Plitt 2012 und Christof Kolb 2016). In den Arbeiten kam es zu spannenden Verknüpfungen zu medizinischen und anderen psychologischen Konzepten, wie den spezifischen Konzepten zum somatoformen Schmerz, zur Anorexia nervosa oder zum Mentalisierungskonzept. Bernd Reichert, Sylvia Kunkel und Heike Plitt waren zudem in der musiktherapeutischen Lehre des Studiengangs tätig, lehrten auch dort individuelle Modifikationen des morphologischen Denkens und setzten es zu jeweils fachspezifischen Theorien in Verbindung. Christoph Kolb bezog in seiner Dissertation insbesondere die Weiterentwicklungen durch Frank G. Grootaers ein und betonte, trotz klinischen Kontextes, den kulturpsychologischen Blick. Eine weitere Arbeit von Timo Hoppert mit dem Arbeitstitel „In verwandelter Gestalt. Schamanische Zeremonie und musiktherapeutische Heilkunst am Beispiel der Gongtherapie“ steht kurz vor dem Abschluss.

Auch andernorts fand eine intensive Auseinandersetzung und Weiterführung des morphologisch inspirierten Denkens in der Musiktherapie statt, so in Hamburg durch Eckhard Weymann, der mit morphologischer Methodik 2004 seine Dissertation „Zwischenschritte. Psychologische Untersuchungen zur musikalischen Improvisation“ abschloss. So lernten auch die Studierenden an der Hamburger Hochschule das Beschreiben musiktherapeutischer Improvisationen, und es entstanden morphologisch orientierte Diplomarbeiten, etwa von Manfred Kühn und Vera Stein sowie drei weitere Dissertationen (Sylvia Kunkel 2008, Jochen Wagner 2008 und Martin Deuter 2010). Auch hier wurde die morphologische Methodik zu verschiedenen anderen theoretischen Konzepten in Beziehung gesetzt, so dass Übersetzungsarbeit und Anknüpfungen charakteristisch sind. Von Bonn/Bad Honnef aus bestand ein reger Kontakt zu Wilhelm Salber durch Frank G. Grootaers, bei dessen Dissertation „Bilder behandeln Bilder. Musiktherapie als angewandte Morphologie“ (2001) Salber Zweitgutachter war. Später gründete Grootaers das „Atelier für Kulturmorphologie“, welches sich den Fragen der Kultivierung des Seelischen, nicht nur in der Musik, widmet.

Für die Musiktherapie war Wilhelm Salber ein Geschenk, konnte er doch glaubhaft zeigen, dass Wissenschaft und Kunst sich zwar in ihrer jeweiligen Eigenart unterscheiden, aber keinen unvereinbaren Gegensatz darstellen müssen. Dass er selbst bis kurz vor seinem Tod täglich zeichnete, mag eine der Quellen gewesen sein, die ihn mit der künstlerischen Auseinandersetzung mit dem Alltag und dem eigenen Erleben vertraut sein ließen. Ich bin davon überzeugt, dass die Vielschichtigkeit seines Werkes von Musiktherapeut*innen immer wieder an sehr unterschiedlichen Knotenpunkten aufgegriffen werden wird, weil Kunst und Wissenschaft nicht einen festen Grenzstreifen miteinander teilen, sondern eher „unordentlich“ hier und dort miteinander zusammenhängen und daraus immer wieder neue Inspirationen erwachsen können.

Wilhelm Salber hat wie kein anderer im Übergang vom 20. zum 21. Jahrhundert eine Kulturpsychologie zur Blüte gebracht, die zeigen kann, wie Seelisches sich aus Seelischem entwickelt und eine unendliche Vielfalt an Formen und Werken hervorbringt. Er hat damit von einer etwas anderen Perspektive aus mit an dem Teil des Werkes von Sigmund Freud weitergeschrieben, der verstehen will, wie Kultivierung möglich ist, was auch inkludiert zu sehen, welchen sie selbst vernichtenden Gefahren sie immer ausgesetzt bleibt. Dabei war ihm Kulturpessimismus eher fremd. Stattdessen zeichnete ihn ein freundliches Interesse an den Eigentümlichkeiten und Seltsamkeiten des Seelischen aus, welches auch als Grundlage für Toleranz gegenüber dem taugt, was man selbst nicht leiden kann. Der von ihm konzeptualisierte Austausch zwischen Kunst und Wissenschaft ist dabei nicht nur für die Künstlerischen Therapien, sondern für viele anstehende Aufgaben der Kultur in einer postindustriellen Gesellschaft von herausragender Bedeutung. Seine Psychologie lehrt die Faszination gegenüber den kunstvollen Werken des Alltäglichen und bringt die Dichotomien von Kunst und Alltag, Wissenschaft und Kunst, Realität und Zauber ins Trudeln.
Um mit einer persönlichen Impression zu schließen: Unvergessen ist mir die Woche mit Wilhelm Salber im Haus von Wilfrid Ennenbach in den norditalienischen Bergen, sein tägliches Zeichnen am Morgen, die deutlich heiter ent-

spannte Atmosphäre nach der Emeritierung, die engagierte Planung einer psychologisch-morphologischen Gesellschaft (der GPM) und seine Kunstführung in Florenz, in der er uns als kenntnisreicher Navigator so entschieden („gucken Sie da gar nicht hin, schauen Sie nur das hier") durch die Überfülle der Werke führte, dass Wesentliches hervortreten und sich durch seinen speziellen Blick darauf präsentieren und entfalten konnte. Das kennzeichnet für mich zugleich sein Werk und die vielen möglichen Auseinandersetzungen damit. Diesen Genuss wünsche ich all denen, die seinem umfangreichen Werk begegnen und die sich hoffentlich ebenso beherzt trauen, sich das herauszugreifen, was für sie präsent wird und sich in ihnen entfalten kann, darauf vertrauend, dass das Ganze, das Wesentliche, nicht auf Vollständigkeit angewiesen ist.

Literatur

Eschen, Johannes Th. (Hrsg.) (2010): Zu den Anfängen der Musiktherapie in Deutschland: Mentorenkurs Musiktherapie Herdecke. Rückblick und Ausblick. Reichert, Wiesbaden.

Deuter, Martin (2010): Polaritätsverhältnisse in der Improvisation: Systematik einer musikalisch-psychologischen Benennung der musiktherapeutischen Improvisation. Reichert, Wiesbaden.

Drewer, Martin (2000): Gestalt – Ästhetik – Musiktherapie. Argumente zur wissenschaftlichen Grundlegung der Musiktherapie als Psychotherapie. Lit, Münster.

Grootaers, Frank G. (2001): Bilder behandeln Bilder. Musiktherapie als angewandte Morphologie, Lit, Münster (2. Aufl. 2004).

Irle, Barbara; Müller, Irene (1996): Raum zum Spielen – Raum zum Verstehen. Musiktherapie mit Kindern. Lit, Münster.

Kalle-Krapf, Jana Maria (2007): Vergleichende psychologische Untersuchung der musikalischen Erstimprovisationen von chronischen Schmerzpatienten. VMD, Saarbrücken (2. Aufl. Akademikerverlag 2012).
Kolb, Christoph (2016): Die Zerdehnung des musikalischen Augenblicks. Über die Entwicklung einer gruppenmusiktherapeutischen Kurzbehandlung im Rahmen von Psychosomatik und Rehabilitation. Online und Print: MV Wissenschaft. Wissenschaftliche Schriften der WWU, Münster.
Kunkel, Sylvia (2008): Jenseits von Jedem? Grundverhältnisse, Beziehungsformen und Interaktionsmuster im musiktherapeutischen Erstkontakt mit schizophrenen Patienten. Elektronische Veröffentlichung über ediss.sub.uni-hamburg.de.
Plitt, Heike (2013): Intersubjektivität erleben. Musiktherapie als Chance für Borderline-Patienten. Tectum, Marburg.
Reichert, Bernd (2012): Ess-Störungen und musiktherapeutische Diagnostik: Eine morphologische Studie über 24 Erst-Improvisationen. Reichert, Wiesbaden.
Tüpker, Rosemarie (1988): Ich singe, was ich nicht sagen kann. Zu einer morphologischen Grundlegung der Musiktherapie. Kölner Reihe zur Musikforschung. Bosse, Regensburg (2. überarb. und erw. Auflage Lit, Münster 1996; 3. akt. Auflage BoD, Norderstedt 2013).
Tüpker, Rosemarie (Hrsg.) (1996): Konzeptentwicklung musiktherapeutischer Praxis und Forschung. Lit, Münster (2. überarb. u. erw. Auflage 2007).
Wagner, Jochen (2008): Improvisieren als „widerständige Aneignung". Ein Beitrag zur Gegenstandsbildung der musiktherapeutischen Improvisation. Elektronische Veröffentlichung über ediss.sub.uni-hamburg.de.
Weymann, Eckhard (2004): Zwischentöne. Psychologische Untersuchungen zur musikalischen Improvisation. Psychosozial, Gießen.

M macht lebendig
Linde Salber

Wie sich mein Leben verändert hat durch die Begegnung mit Wilhelm Salber? Radikal! Im Lauf von fünfzig Jahren gemeinsamen Lebens gleich mehrfach, aber das steht auf einem anderen Blatt.
Als ich 1964 das Studium der Psychologie in „Angriff" nahm (nichts ahnend, was das sein würde), war ich überzeugt, mit der Morphologie in eine Pionierzeit zu geraten. Da ging etwas los. Mein reichlich vernebeltes Unbehagen Mitte der Sechzigerjahre des vorigen Jahrhunderts wurde behandelbar, erhielt durch Instrumentierung des Sehens, Fragens, Denkens eine Stoßrichtung. So sah niemand sonst die Wirklichkeit – keiner, den ich kannte, und auch keiner, dessen Bücher ich gelesen hatte.
Horizonte öffneten, erweiterten, verschoben sich ins schier Unendliche. Nicht irgendwie, sondern klar, konturiert, methodisch, d.h. Schritte nahelegend, wie die gestempelte Realität wieder frei und doch fassbar werden könnte – neu und anders.
Das war kein Lernstoff, das war spürbar als Verwandlung eigenen Er-Lebens, Beachtens, Betrachtens und Beurteilens. Selbsterfahrungen, die aufstören konnten. „Western"-Filme zum Beispiel, die fand ich damals unkultiviert und primitiv.

Mehr sehen mit Malzeug: Venedig, Mitte 1970er Jahre.

Interviewt kam ich dann nicht umhin zu beschreiben, welches Vergnügen ich, Partei nehmend, am „primitiven" Abknallen der „primitiven" Bösewichte hatte. Das war wie eine Überführung und kreischte ein bisschen. Wieso musste ich das mit Moralisieren übertünchen?
Indem ich meinte, Psychologie zu studieren, geriet ich in eine Psycho-Gratis-Behandlung.
Kern war die Ungetrenntheit von Kunst, Wissenschaft und alltäglichem Leben. „Der Psychische Gegenstand" zeigte mir, daß die verschiedenen psychologischen Systeme unterschiedlichen Seherfahrungen anhingen, die eigenlogisch unterschiedliche Welt-Bilder zimmern. Das kam wie eine Offenbarung in meine unbeholfene Suche, woran man sich denn nun halten könnte.
Kein Niedermetzeln unsympathischer Betrachtungsweisen, sondern Verstehen, dass sehr unterschiedliche Ansätze möglich sind, seelisches Geschehen zu rekonstruieren. Nicht besserwisserisches Hick-Hack, sondern Analyse ihrer Reichweite. Was machten sie sichtbar und was verdunkelten sie.
So, dachte ich, könnte man wohl auch Menschen besser verstehen.
Ja! Wenn sich heute jemand bei mir auf „die Couch" legt, oder wenn ich Biographien schreibe, bewährt sich dieser Ansatz immer noch.
Der Salber, der konnte einem andere Augen einsetzen.
Und in diesem, meinem Blick lebt er über seinen Tod hinaus.
Dass er beileibe weg ist, finde ich einfach nicht korrekt. Er fehlt mir an allen Ecken und Enden.

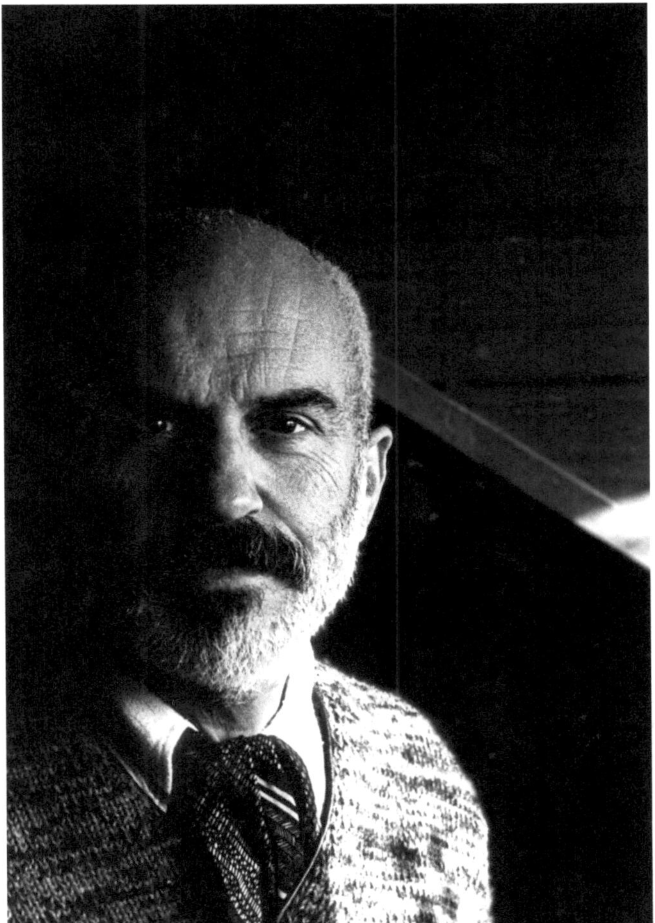

Wilhelm Salbers Morphologie

Die psychologische Psychologie
jenseits aller Erlösungs-Utopien

Stephan Grünewald

Während meines Psychologie-Studiums habe ich Wilhelm Salber als inspirierenden Querdenker, als fesselnden Redner und als einen Wissenschaftler kennengelernt, der in faustischer Manier unermüdlich seine psychologische Morphologie weiterentwickelte und umkramte. Er stellte die Fragen, die ich mir insgeheim selber gestellt hatte, als ich Psychologie studieren wollte. Aber er stellte auch Fragen, die ich mir so nie gestellt hatte. Fragen, die mein damaliges Weltbild erschütterten, mir aber mit der Zeit eine neue Perspektive eröffneten, die Welt zu sehen und in ihren Zusammenhängen zu verstehen. Wilhelm Salber war für mich ein konsequenter Psychologe oder besser gesagt ein Meta-Psychologe und Philosoph, weil er die Grundfragen der Psychologie mitbewegte. Nicht nur in Vorlesungen, auch in Tischgesprächen schlug er die Brücke von den philosophischen Fragen und Systemen der Antike zur heutigen Gehirn-Mythologie.

Nach meinem Studium und in der Gründungszeit von rheingold habe ich ihn als väterlichen Mentor und Berater kennengelernt, der unseren Forschungsweg bis zu seinem Tod wohlwollend begleitet hat. In der rheingold-Akademie hielt er regelmäßig begeisternde Vorlesungen, in denen er die Grundprinzipien seiner Morphologie mit den Kapriolen

der Politik oder Alltagskultur verknüpfte. In meinen Buchschreibephasen war er dann ein für mich unverzichtbarer Gesprächspartner und kritischer Revisor. Sein therapeutischer Blick und sein Zuspruch halfen mir in einer persönlichen Lebenskrise.
Auf gemeinsamen Reisen nach Venedig und Colmar lernte ich noch einen anderen Professor Salber kennen. Den Kunst- und Geschichtsgelehrten, der mich durch die Ausstellungen und Kirchen schleppte und mir die manieristische Wucht von Tintorettos Werken nahe brachte. Den Sammler, der jeden Antiquitätenladen Venedigs kannte und zielgenau die wirklich bedeutsamen Kupferstiche, Münzen oder Kruzifixe fand. Den Genießer, der die italienische Küche und den Wein schätzte. Den Künstler, der ständig kleine Pinsel und Wasserampullen mit sich führte, mit denen er die Farbe anrührte, um Plätze, Kanäle oder Kirchen zu aquarellieren.

Wie kann man solche einem Universalgenie wie Wilhelm Salber in einem Kapitel gerecht werden? Diese Frage hat mich beschäftigt, als ich begann, diesen Text zu konzipieren.

Ich habe mich dafür entschieden, die für mich wesentlichen Grundpfeiler oder Maximen der morphologischen Psychologie pointiert zu beschreiben. Dadurch habe ich mir auch noch einmal vor Augen geführt, welche grundsätzlichen Prinzipien heute noch meine Arbeit als morphologischer Psychologe und Forscher bestimmen. In einem ersten Teil werde ich meine sechs Leitgedanken zu Wilhelm Salbers ‚Psychologischer Psychologie' skizzieren. Im zweiten Teil umreiße ich sechs Grundsätze, durch die Wilhelm Salber ein ‚Jenseits von Erlösungs-Utopien' eröffnet.

I. Die psychologische Psychologie

1. Die Phänomene sind die Lehre

Wilhelm Salber war für mich ein phänomenaler Erzieher im doppelten Sinne. Denn seine für mich grundsätzlichste Lehre ist es, genau hinzuschauen, wenn man Psychologie betreiben will. Wir sind im Alltag schnell mit Erklärungen zur Hand, und jeder Mensch verfügt über ein ganzes Arsenal

an Erklärungs-Deckelchen: die Angst, die Sehnsucht, der Geschmack, der Preis, die Gewohnheit, die Bequemlichkeit, die Vernunft, die Rücksichtnahme und so weiter und so weiter. Salber erzog uns seit dem ersten Semester, all diese Erklärungsschablonen aufzugeben. Es galt zu beschreiben, was wir genau erleben beim Mensaessen, beim Joggen, beim Seminarbesuch, im Fußballstadion oder beim Spielfilm-Schauen. Er folgte damit Diltheys Paradigma von einer beschreibenden und zergliedernden Psychologie. Denn der seelische Zusammenhang ist laut Dilthey unmittelbar in unserem Erleben gegeben. Dieses Erleben sollte beschreibend umkreist und herausmodelliert werden. Die Erlebensbeschreibung und das psychologische Tiefeninterview als Königsweg zum Seelischen trainierten wir beständig in Seminaren. Vor allem die Kunst des Tiefeninterviews liegt darin begründet, dass man mit seinem Gegenüber eine Verfassung begründet, die einen beschreibenden Zugang zu seinem Erleben eröffnet – wie etwa beim Putzen private Bodenoffensiven ausagiert werden oder wie beim Biertrinken sich schluckweise die Verharzungen des Alltags verflüssigen lassen.

Die Phänomene sind bis heute der Ausgangspunkt in meiner Arbeit als Markt-, Medien- oder Kulturforscher bei rheingold. Die Ganzheitsqualitäten der Interview-Atmosphäre, der Gesprächs-Dynamik und der Stimmungs-Entwicklung grundieren dabei die Ausdrucksbildung eines Untersuchungs-Themas, das sich in immer neuen Wendungen des Fragens, des genauer Beschreibens, des Zerdehnens oder Zuspitzens langsam verfertigt. Das Ziel einer jeder Forschungsreise ist es, von den Phänomenen zu den Erklärungen zu gelangen. Dabei werden die Erklärungen nicht den Phänomenen übergestülpt, sondern durch die Beschreibung in Versionen herausmodelliert: Was schwingt implizit oder unausgesprochen mit? Was sind durchgängige Züge? Welche Gegenläufe oder Polaritäten lassen sich herausheben? Wie hält das Ganze konstruktiv zusammen? Wie bricht es um und wie entwickelt es sich weiter? Erst durch solch einen laut Salber „Austausch in Entwicklung" gelangt man zu (beweglichen) Erklärungen. Aber diese Erklärungen taugen erst etwas, wenn man aus der erklärenden Konstruktion alle Phänomene ableiten kann. Der kreisförmige Austauschprozess zwischen Phänomen

und Erklärung kommt erst dann zu einem Ende (auf Zeit), wenn es gelungen ist, alle Phänomene in der Erklärungs-Konstruktion aufzuheben.

2. Mitbewegung statt Stilllegung

Wilhelm Salbers konsequenter Bezug auf den Reichtum seelischer Phänomene bedeutet, dass man sich als Psychologe mitbewegt. Mitbewegung verlangt, den tragik-komischen und den abgründigen Drehungen des Seelischen zu folgen. Das ist anstrengend und macht auch Angst. In den morphologischen Tiefeninterviews wird der Forscher auch mit den fiesen, zerstörerischen oder ungeheuerlichen Seiten des Seelenbetriebs konfrontiert. Die Verstörung, das Unbehagen, der Aberwitz gehören damit zum Forschungs-Alltag. Die Alternative wäre laut Salber eine Stilllegungs-Psychologie, die durch Zahlen und feste Figuren die unberechenbare Ungeheuerlichkeit des Seelischen bannt. Eine saubere Psychologie, die danach strebt, alles mess- und berechenbar zu machen. Zahlen und Statistiken bieten zwar die Illusion der Kontrolle und Berechenbarkeit, sie ermöglichen virtuose

mathematische Operationen, aber sie verstellen den Blick auf die subtilen oder seltsamen Qualitäten, die inneren Widersprüche und die mitunter verstörende Schicksalswucht seelischer Entwicklungen.

Wilhelm Salbers entschiedener Kampf für solch eine „Psychologische Psychologie“ ermöglicht mir bis heute, mit Stolz und Selbstbewusstsein Psychologie betreiben zu können. Denn die morphologische Psychologie sah sich nicht als Hilfswissenschaft, sie unterwarf sich nicht dem Herrschaftsanspruch der Mathematik oder der Naturwissenschaft, sondern sie postulierte entschieden das Eigenrecht und die Eigenlogik des Seelischen.

3. Die Abkehr vom Klötzchendenken.
– Das Seelische als ganzheitlicher Produktionsbetrieb

Wilhelm Salber betonte, dass die Psychologie als Wissenschaft selber unbewussten Annahmen und Absichten folgt. Neben dem bereits beschriebenen ‚messe und herrsche‘ existiert in der allgemeinen Psychologie ein ‚teile und herrsche‘.

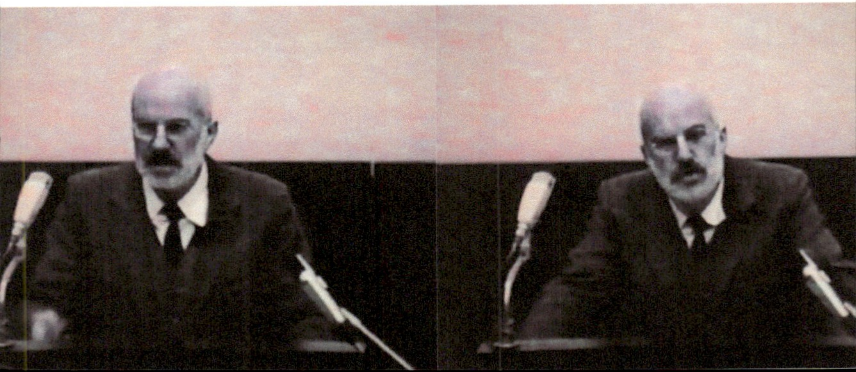

Der seelische Zusammenhang wird aufgespalten in isolierte Klötzchen: die Kognition, Emotion, die Motivation, die Wahrnehmung, das Gedächtnis, etc. Aus jeder dieser Spaltprodukte entwickelt sich dann eine eigene psychologische Disziplin wie die Kognitions-Psychologie, die spezifische Gesetzmäßigkeiten für ihren Teil- oder Herrschaftsbereich entwickelt. Als Psychologie-Student hatte ich oft nach drei oder vier unterschiedlichen Seminaren das teuflische Gefühl: „ich halte die Teile in der Hand, es fehlt leider nur das geist'ge Band."

Ganz anders erging es mir, wenn ich Wilhelm Salber zuhörte. Er machte Schluss mit dem Klötzchendenken und beschrieb das Seelische als einen ganzheitlichen Produktionsprozess. Salber begriff die Seele als einen ständigen Prozess der Gestaltung oder Umgestaltung oder, allgemeiner gesprochen, der Formenbildung. Alle beschreibbaren Phänomene wurden konsequent aus der Perspektive betrachtet, wie sich seelische Formen bilden. Sie breiten sich aus oder schränken sich ein. Sie gewinnen eine Stoßrichtung, aber auch einen Rhythmus. Sie greifen Angebote auf und weisen andere Angebote ab. Das

war für mich eine radikal andere Betrachtung der Wirklichkeit – zumal Salber selbst so „heilige“ Kategorien wie Subjekt und Objekt oder Innen und Außen auflöste. Seelische Wirklichkeit konstituiert sich in der Formenbildung. Wirklich ist nicht das, was scheinbar objektiv gegeben ist, sondern das, was zum Gliedzug einer Formenbildung wird. Die Glätte entsteht - wie Erwin Strauss bereits betonte - im Gleiten. Der Tisch ist, psychologisch betrachtet, nicht an sich da, sondern wenn er zum Momentum einer Formenbildung wird. Radikaler noch: auch das Seelische ist nicht an und für sich da, sondern es entsteht erst in der Formenbildung. Indem ich mit meiner Hand über den Tisch streiche, entstehen Hand und Tisch. Wenn ich dann die Hand vom Tisch nehme und aus dem Fenster schaue, dann ist der Tisch nicht mehr Bestandteil meiner seelischen Wirklichkeit - wohl aber der Wolkendunst. Wirklich wird, was in der Formenbildung wirksam wird.

Für Wilhelm Salber waren die Grundfragen der Psychologie nach der Einheit, nach der Richtung und dem Zusammenhang des Seelischen erst aus der Perspektive der Formenbil-

dung ableitbar. Sogenannte Emotionen z.B. kann man nicht an sich betrachten, sondern in den Gefühlen qualifiziert sich die Formenbildung. Wie gesagt: In der verspürten Glätte qualifiziert sich das Gleiten. Angst ist eine Qualität, die auf einen drohenden Formzerfall aufmerksam macht. Auch die Wahrnehmung lässt sich erst aus der Logik einer spezifischen Formenbildung verstehen. Das erklärt z.B. die plötzliche Ertaubung meiner Kinder beim Handykonsum. Motivation verrät etwas über Bewegungsrichtungen oder über Bewegungs-Einschränkungen der Formenbildung.

4. Gestalt und Verwandlung
– des ewigen Sinns ewige Unterhaltung

Formenbildung lässt sich auch als Gestalt-Bildung verstehen. Die Gestaltpsychologen, auf die sich Wilhelm Salber auch bezog, hatten Gesetze der Gestalt-Bildung entwickelt, die eher ästhetischen als formal-logischen Prinzipien folgten. Salber sah aber die Gestalt-Bildung nicht nur als einen Prozess, in der sich eine Gestalt schließt. Er dachte mit, dass jede Gestalt eine bereits bestehende Gestalt umbildet. Bildung und Um-

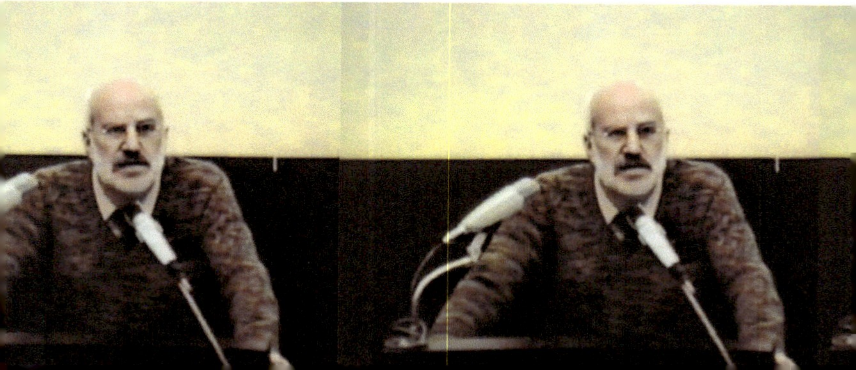

bildung, Gestalt und Verwandlung sind für Salber universelle Grundprinzipien. Sie sind stets gleichzeitig am Werke und sollten daher auch immer mitgedacht und herausgehoben werden. Die Morphologie ist die Lehre von den Gestalten und ihrer Entwicklung oder Metamorphose. Der ständige Umbruch und Übergang charakterisiert das Seelische und verleiht ihm seine besondere Dramatik. Salbers radikale Forderung an die Psychologen war und ist es, diese Übergänge und Transfigurationen bei den Befunden stets im Blick zu behalten. Die Fest-Stellungen der Psychologie müssen daher stets auch die Beweglichkeit, die Offenheit und die Entwicklungs-Logik mit einbeziehen. Denn jede Gestalt birgt bereits den Keim einer Verwandlung. Und jede Verwandlung drängt wiederum auf eine Ausgestaltung. Das Ruhelose, das Faustische, die unersättliche Verwandlungsgier der Seele, die sich nur in Gestalten fassen kann, aber sich allenfalls für einen Augenblick in Gestalten befrieden lässt, bildet den dramatischen Kern der Morphologie. Eben: „Gestaltung, Umgestaltung – des ewgen Sinns ewge Unterhaltung." (Johann Wolfgang von Goethe, Faust 2, 1. Akt)

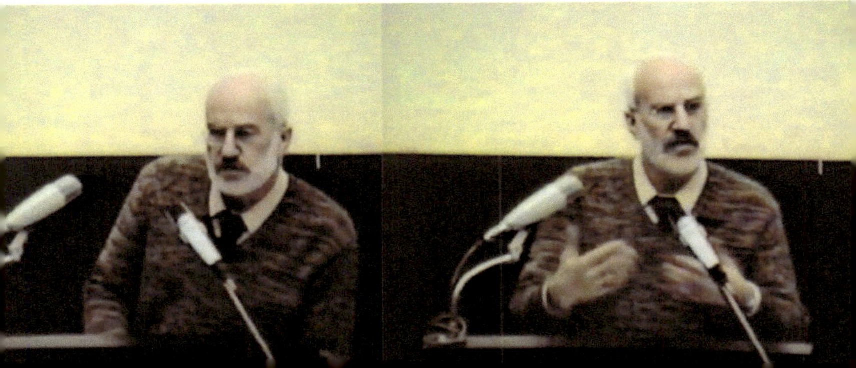

5. Die Seele hat kunstanalogen Charakter

Für Wilhelm Salber spielt die Kunst eine besondere Rolle. In seinen Vorlesungen oder Publikationen brachte er seelische Entwicklungen mit Kunstwerken in Austausch. Eines seiner wichtigsten Werke heißt ‚Kunst – Psychologie - Behandlung'. Salber zeichnete und aquarellierte selber unaufhörlich und modellierte dabei die für ihn charakteristischen Züge einer Landschaft oder eines Sachverhaltes heraus. Die Kunst half ihm dabei, „die Seele bei ihren Verwandlungen zu ertappen". Denn das Seelische hat selber kunstanalogen Charakter. Es gehorcht eben nicht rationalen oder formal-logischen Gesetzmäßigkeiten, sondern einer Psycho-Logik, die sich viel eher mit ästhetischen Kategorien beschreiben lässt. Im Seelenbetrieb haben wir mit Mechanismen wie Verdichtung, Verschiebung, Verrückung, Vergleichzeitigung oder Inkarnation zu tun. Sigmund und Anna Freuds Abwehrmechanismen betrachtet Salber als Demonstrations- oder Produktionsmechanismen, mit deren Hilfe die Seele kunstvoll ihre eigenen Widersprüche unkenntlich machen will.

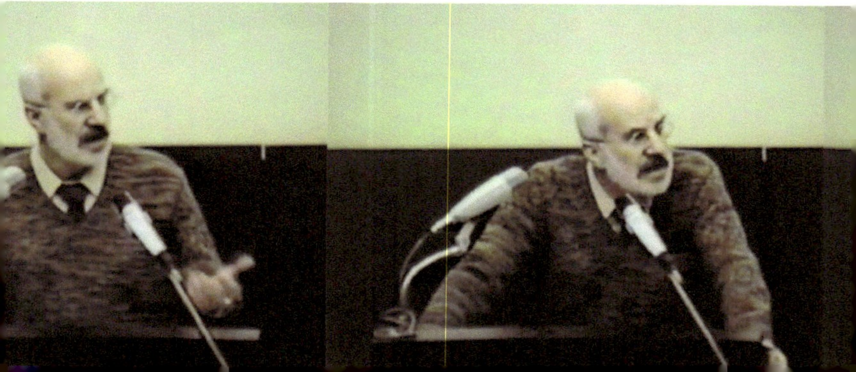

Der Traum war für Wilhelm Salber daher der Prototyp solch eines kunstvollen seelischen Produktions-Prozesseses. Ihn interessierte vor allem der Form- oder Werk-Charakter der Träume: die nächtliche Traumfabrik. Denn Träume sind für Salber „ein Selbstgespräch der Seele" – „Unterhaltungen über die tragikkomischen Drehungen und Wendungen, die in unserem Leben drin sind". Sie konterkarieren die Betriebsblindheit des Tages, indem sie in ihren anders bewegten Bildern etwas zum Ausdruck bringen, was in der Tagesströmung untergeht. Damit ging Salber über Freud hinaus, denn für ihn ist der Traum nicht nur der Hüter des Schlafes, sondern auch der Revolutionär des Tages. Die Kunst der Traumanalyse war für Salber daher die psychologische Basisanforderung für das Verständnis seelischer Werke. Und die sollte ein guter Psychologe beherrschen.

6. Muster im Gemenge herausheben

Wilhelm Salber betonte, dass wir in einer fließenden Verwandlungswirklichkeit leben, die durch ständige Wendungen, Umbrüche oder Verkehrungen geprägt ist. Als psy-

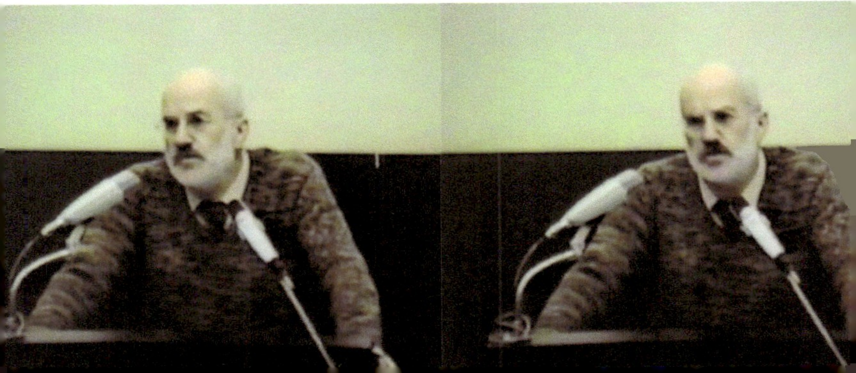

chologischer Forscher bin ich dennoch aufgefordert, ein Funktionsverständnis seelischer Werke oder Wirkungseinheiten herauszustellen. Wie kann man Muster im Gemenge finden, die das Funktionieren einer Sache überschaubar machen? Wie kann man durch Beschreibung und Zergliederung aufzeigen, welche Kräfte oder Werksteller an einer Produktion beteiligt sind, ohne die Produktion damit buchstäblich stillzulegen? Erst wenn man weiß, mit welchen Kräften, Widersprüchen, Polaritäten, Widerständen oder Paradoxien wir es beim Putzen oder beim Wahlkampf zu tun haben, lassen sich Entwicklungsrichtungen oder Einwirkungs-Konsequenzen verstehen und prognostizieren. „Wer den Markt bewegen will, muss ihn verstehen", lautet daher das Credo des rheingold-Institutes. Verstehen braucht aber entschiedene Drehgefüge – Erklärungskonstruktionen, die etwas fest-stellen und überschaubar machen, die aber dennoch in Spannung und Entwicklung sind.

Salbers Hexagramm ist ein Geniestreich, weil damit der spezifische Charakter seelischer Werke oder Wirkungseinheiten

überschaubar gemacht werden kann. Ausgehend von einem Verständnis universeller Produktionsbedingungen wie Ausbreitung, Ausrüstung, Einwirkung, Anordnung, Aneignung und Umbildung werden die einzigartigen Produktionskräfte oder Motive, mit denen man in einem Markt oder einer Wirkungseinheit rechnen muss, individuell beschrieben. Ein Funktionsmodell, das die Spannungen und Ergänzungs-Verhältnisse, die Gefahrenstellen oder Drehgrenzen und die Entwicklungs-Versionen von Marken, Medien oder Märkten aufzeigt.

Für die Forschungsarbeit hilfreich ist auch das etwas freiere Figurations-Modell, das jeweils um die zentrale Verwandlungssorte eines für den Untersuchungsgegenstand charakteristischen Märchenbildes zentriert ist. Hier werden die wesentlichen Züge in der Logik eines Hauptbildes und eines Nebenbildes übersichtlich gemacht. Aber das werde ich zum Ende des zweiten Teils beispielhaft illustrieren.

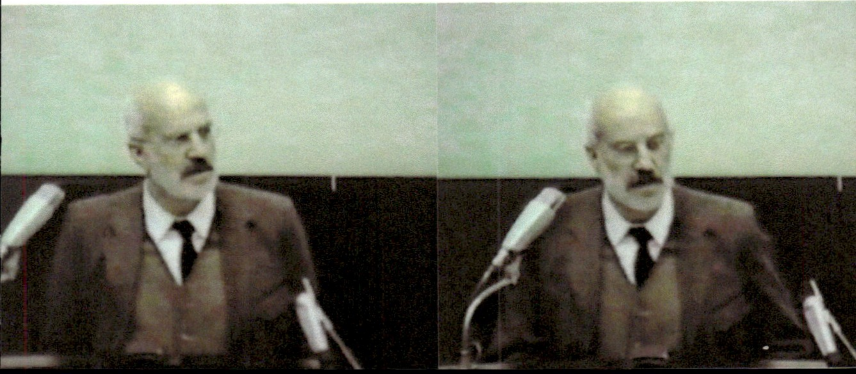

II. Jenseits von Erlösungs-Utopien

7. Hergestellte Wahrheiten oder Gegenstands-Bildung

Wilhelm Salbers Psychologie ist radikal und im besten Sinne aufklärerisch. Denn sie befreit von Absolutheits-Ansprüchen, von Absolutions-Hoffnungen und Erlösungs-Utopien sowie vom Glauben an totale Objektivität oder Wahrheit. Salbers psychologische Morphologie nimmt eine Meta-Perspektive ein und zeigt die Produziertheit und Unvollkommenheit all unserer Schöpfungen. Diese radikale Metaperspektive ist bereits in seiner Habilitation ‚Der psychische Gegenstand' fest umrissen. Salber postuliert die Relativität jeder Wissenschaft – auch der Psychologie. Der psychische Gegenstand ist nicht gegeben, sondern er wird gebildet. Wir finden in der Psychologie keine objektiven Wahrheiten, sondern jeder Form der Psychologie, jedem psychologisches System, liegen allgemeine Produktions-Bedingungen zugrunde, die man auch als erkenntnistheoretische Voraussetzungen und Notwendigkeiten charakterisieren kann: eine spezifische Seh-Erfahrung des Psychologen – ohne Vorurteile, Vorannahmen

oder Blickrichtungen kommt kein Erkenntnisprozess in Gang. Auffassungs- und Darstellungsweisen determinieren die Gegenstandsbildung ebenso wie Denkgerüste oder Ableitungsmotive. Als organisierendes Bild im Hintergrund fungiert ein ausgezeichneter Gegenstand, der die verschiedenen Produktions-Komponenten aufeinander bezieht und auseinander entwickelt.

Von solch einer Meta-Perspektive aus lassen sich die verschiedenen psychologischen Systeme vergleichen. Ihre (Erkenntnis-)Chancen, aber auch ihre Grenzen werden ableitbar. Salbers Metaperspektive erlaubt einen konstruktiven Dialog der Lehren statt dem üblichen Krieg der Schulen.

Die Frage nach der Gegenstands-Bildung ist für mich heute noch in jedem Forschungsprozess eine wesentliche Reflektions-Aufforderung. Auf welcher Gegenstands-Ebene bewegen wir uns überhaupt? Untersuchen wir eine Geschehens-Einheit bzw. Stundenwelt? Dann stellen wir die Frage nach einer Ablaufsregel, nach der Binnenregulierung eines

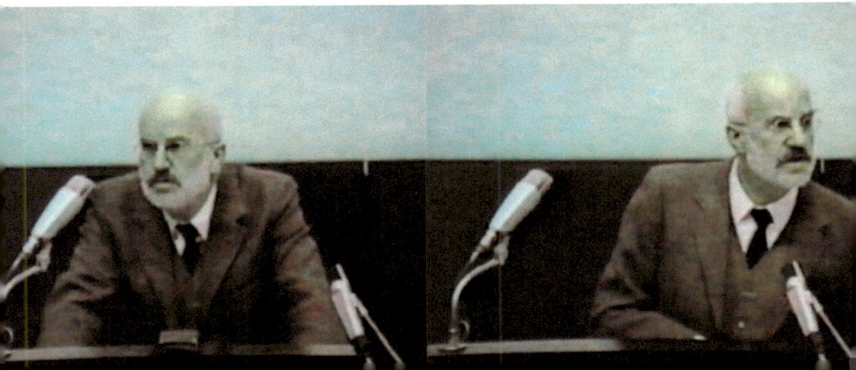

seelischen Prozesses wie einer konkreten Zeitungslektüre, eines Spaziergangs oder eines Filmerlebens. Oder untersuchen wir eine Wirkungseinheit? Dann stellen wir die Frage nach den konstituierenden Zügen und Verkehrbarkeiten eines sich in Zeit und Raum ausbildenden seelischen Wirkungsgefüges – einer Familie, einer Gesellschaft, eines Images oder einer Kampagne.

8. Die Seele ist ein Ganzes, das in sich widersprüchlich ist
Für Wilhelm Salber war die kürzeste Formel, auf die man das Seelische bringen kann: die Seele ist ein Ganzes, das in sich widersprüchlich ist. Der Mensch will den Kuchen essen und behalten. Der Ödipus-Komplex ist für Salber ein Kern-Komplex - ein Sinnbild für die Versalität des Seelischen. Wir finden ständig spannungsvolle Ganzheiten: ein umfassendes Gehabe mit unzufriedenen Teilhabern. Die Spannungen und Widersprüche lassen sich nicht aufheben, aber sie lassen sich behandeln. Die Unruhe des Ganzen drängt auf eine neue, andere Ausgestaltung und Vermittlung, die eine Befriedung oder eine Aussöhnung verspricht. Doch es bleiben

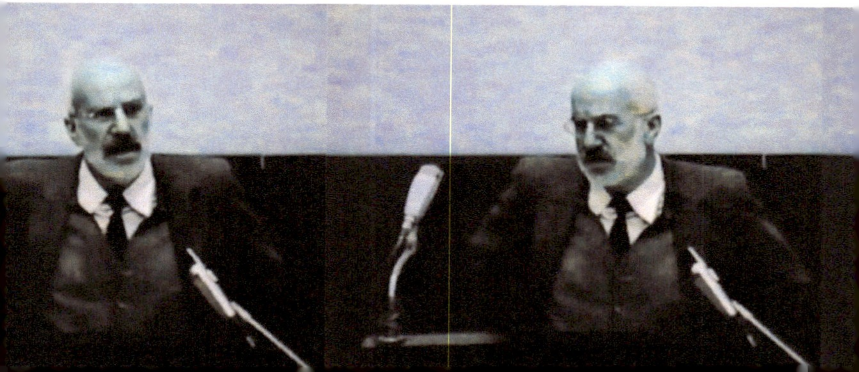

immer Reste oder Fransen. Es gibt im Seelenleben keine sauberen Lösungen – auch wenn die Menschen sie noch so sehr herbeisehnen. Das restlose Glück ist eine Utopie, deren Erfüllung – wie Goethes Faust dramatisiert - letztlich den Tod oder den Verlust der Seele bedeuten würde. Die Reste und die damit verbundene spannungsvolle Unruhe sind das Lebenselixier der Seele. Die Reste treiben den Produktions-Betrieb an. Sie motivieren zu neuen Vermittlungs-Gestalten, die ebenso unvollkommen sind, wie die Gestalten, aus denen sie hervorgegangen sind.

9. Das Unvollkommene als Kulturprinzip

Das Unvollkommene war für Wilhelm Salber daher ein Kulturprinzip. Das Unbehagen in der Kultur ist und bleibt unvermeidlich, da die Egoismen und Fundierungstendenzen widerstreitender Seelenkräfte sich eben nicht gemeinsam radikal ausleben lassen. Kultur und seelische Kultivierung braucht die unperfekte Kunst der Vermittlung, die Bezogenheit auf das umfassende Ganze oder Gehabe, das die einzelnen Teilhaber zu einem partiellen Verzicht nötigt. Aber

jede Kultur, jede seelische Form schafft nur eine Vermittlung auf Zeit, wir finden stets nur ungeschlossene Geschlossenheiten. Der seelische Kultivierungsbetrieb dreht sich weiter und nötigt oder motiviert uns zu immer neuen Aussöhnungen. Wilhelm Salber erteilte daher allen Erlösungs-Ideologien und jedem Absolutheits-Anspruch eine entschiedene Absage. Das 1000jährige Reich war für ihn ein Versuch, sich über das notwendig Unvollkommene und Provisorische seelischer Werke hinwegzusetzen. Ein Verkehrt-Halten der Wirklichkeit mit (selbst-)zerstörerischer Konsequenz. Kritisch war Salber auch im Hinblick auf den Forever Young-Anspruch, der seit den 90er Jahren unsere „Auskuppel-Kultur" bestimmt. Forever Young ist die friedliche Inversion des 1000jährigen Reiches. Ein jugendbewegter Zustand, der auf ewig eingefroren werden soll. So sehr wir die (nächtlichen) Träume brauchen für eine kritische Revision der Betriebsblindheiten des Alltags, so sehr warnte Wilhelm Salber vor den absoluten Wunschträumen, die eine ewige Gültigkeit für alle Menschen beanspruchen. Die Sehnsucht nach einem absolut gerechten Gottesstaat, das Ideal einer klassenlosen oder

angstfreien Gesellschaft oder die Vorstellung vom Paradies auf Erden bergen heute einen zerstörerischen Glücks-Absolutismus, der die Menschen zunehmend in eine Erschöpfung und Alltagsverdrossenheit treibt.

10. Der Mensch als behindertes Kunstwerk

Ein Jenseits von allen Vollkommen- und Absolutheitsansprüchen eröffnet Wilhelm Salber auch in seinem Menschenbild. Er sieht den Menschen als „behindertes Kunstwerk". Damit sympathisiert er auch mit seiner akademischen Heimatstadt Köln, die den Menschen als „Jeck" bezeichnet. Die Kölner beziehen sich dabei ebenso auf den Verwandlungsreichtum der Seele, als auch auf ihre die unumgängliche Beschränkheit: „Jede Jeck ist anders." – „Jet jeck simmer all."

Salbers Sicht vom Menschen als behindertem Kunstwerk konterkariert dabei das heutige Diktum des Übermenschen, der zwar noch ein – wie Freud es nannte – Prothesengott ist, aber im Zuge einer zunehmenden digitalen Verwachsung mit hilfreichen Apps und Features seine Prothesen kaum

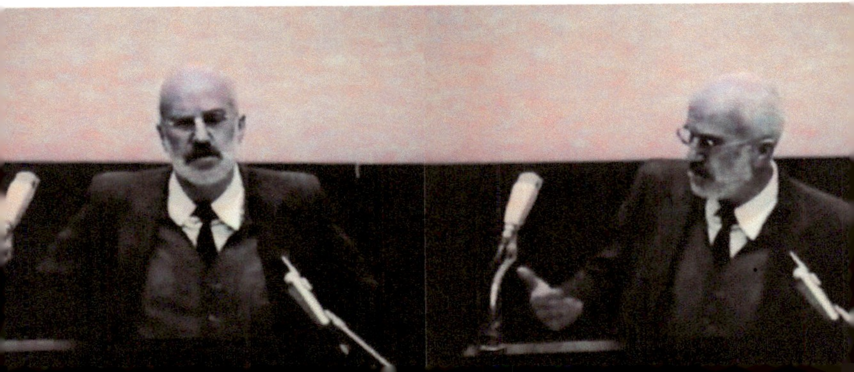

noch spürt. Wilhelm Salber verweist darauf, dass wir im 21. Jahrhundert immer noch schwach, widersprüchlich, schutzbedürftig, irrend, alternd und hinfällig sind. Aber auch ein Kunstwerk, weil die Vielfalt der sich wandelnden Lebensformen endlos und unerschöpflich ist. Aber trotz dieser unermüdlichen und kunstvollen Verwandlungskraft des Lebens reicht unsere irdische Zeit, unsere Reichweite und Schaffenskraft nicht aus, um auch nur annähernd das zu verwirklichen, was wir in hoffnungsschwangeren Nächten erträumen.

Aber gerade diese Begrenztheit und Endlichkeit unserer großen und kleinen Werke ist für Salber der Stachel der Kunstfertigkeit und der Weiterentwicklung. Hier führt Salber mit Adler-Augen den Gedanken Egon Friedells weiter, dass nicht jeder Achill eine Ferse hat, sondern dass gerade durch die Ferse ein Achill entsteht. Die Menschheitsgeschichte steckt voller Beispiele, dass gerade die persönliche Unzulänglichkeit höchst schöpferische Kompensationsprozesse provoziert. Der geniale griechische Rhetoriker Demosthenes war von Geburt Stotterer. Berühmte Verführerinnen wie die Pom-

padour oder Mata Hari waren nicht schön, aber sie besaßen das gewisse Etwas. Beethoven hat seine reifsten und tiefsten Werke geschrieben, als er bereits vollkommen ertaubt war. Nicht aus der Vermeidung unserer Fehler, sondern aus dem kunstvollen Umgang mit ihnen erwächst die persönliche Meisterschaft.

11. Verkehrung und Verkehrthalten – die Neurose als Produktions-Krankheit

Wilhelm Salber betonte stets, dass wir in einer Wirklichkeit leben, in der sich ständig alles verkehren kann. Aus Liebe kann Verrat werden, aus Macht Ohnmacht, aus Wohltat wird Plage, im Aufstieg droht bereits der Niedergang. Die unvermeidliche Erfahrung der Verkehrung hat dabei zwei Seiten: Verkehrung wird einerseits als ungeheuerlich und beängstigend oder als begeisternd und gnadenvoll erlebt, sie eröffnet andererseits aber auch einen Blick in die Konstruktion unserer Wirklichkeit. Die Verkehrungs-Heuristik ist eine Form der Erkenntnis. Sie zeigt, was die Welt im Innersten zusammenhält, aber auch gefährdet.

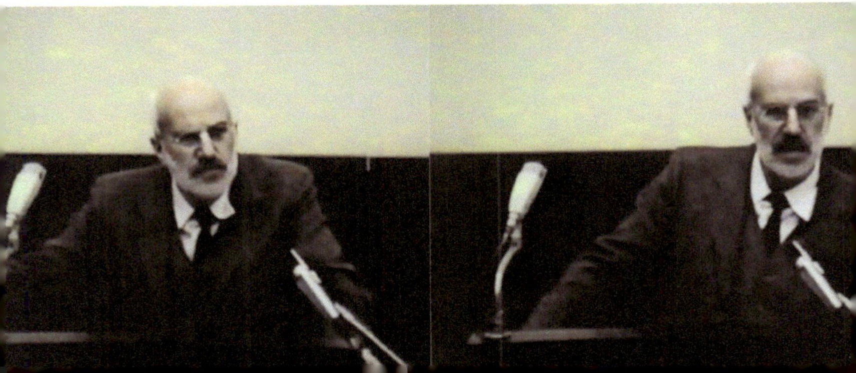

Seelische Entwicklung und seelische „Gesundheit“ macht Wilhelm Salber vor allem daran fest, wie wir mit Verkehrungs-Erfahrungen umgehen, sie annehmen, sie ausgestalten, sie eingrenzen, sie korrigieren oder sie leugnen. Die Neurose ist für Salber eine Produktions-Krankheit – ein besonderer Umgang des Seelischen mit der Verkehrbarkeit der Wirklichkeit. Denn das Seelische versucht eine (trügerische) Stabilität zu gewinnen, in dem es die Verkehrbarkeit zwar akzeptiert, aber auch verkehrt hält. Eine erlittene Verkehrungserfahrung wird gleichsam fixiert. Die Erfahrung einer als ungeheuerlich erlebten Wendung wird also zu bannen gesucht, indem diese Verkehrung implizit als gesetzt und als unumstößlich wie ein Gesetz behandelt wird: , Wenn man sich aufschwingt, stürzt man ab.‘ Oder: ‚Immer wenn ich mich binde, werde ich verlassen.‘ Durch diese Fixierung, durch dieses Festhalten einer Verkehrung, verengt sich der Entwicklungsspielraum seelischer Werke. Der ganze Seelenbetrieb ist nun darauf ausgereichtet, diesen Verkehrungspunkt in den Griff zu kriegen. Er spaltet sich auf in ein Bild und Gegenbild, er folgt einem Gestaltungsprinzip, das Verkehrung berechenbar zu machen sucht. Er

entwickelt Beweismuster, die das Verkehrthalten wieder neu legitimieren oder Verwandlungs-Demonstrationen, die kunstvoll über die hergestellte Verengung hinwegtäuschen. Mit dieser gesetzten Verkehrung fertig zu werden, bedeutet, mit allem fertig werden zu können, lautet dabei das grandiose Entwicklungs-Versprechen des Verkehrthaltens.

Psychologische Behandlung begründet sich für Salber in der alltäglichen Selbstbehandlung, die wie beim Verkehrthalten in eine Sackgasse, in einen eingeschränkten Kreis seelischer Verwandlung führen kann. Das Ziel der von Wilhelm Salber gemeinsam mit Ernest Freud entwickelten „analytischen Intensivberatung" ist es daher, die Selbstbehandlung wieder aus ihrer Kleinkreisigkeit herauszurücken. Neurotische Stabilität wird zugunsten der Entwicklungs-Offenheit von Verwandlung geopfert, die jedoch auch wieder unerwartete Verkehrungen bergen kann. Dieser riskanten Grundkonstruktion können wir laut Wilhelm Salber nicht entgehen. Oder wie Sigmund Freud es ausdrückte: Eine gute Therapie kann allenfalls neurotisches Elend in ganz normales Alltagselend verwandeln.

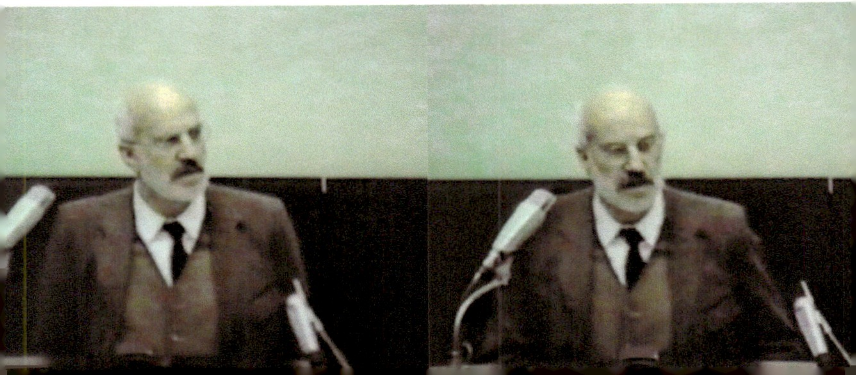

12. Märchen als universelle Produktions-Gleichnisse oder Schicksalsmuster

Eine Pioniertat Wilhelm Salbers ist es, die Entwicklungsprinzipien und die Schicksalsmuster des Seelenlebens transparent gemacht zu haben. Bahnbrechend sind dabei seine Analyse und sein Einsatz der Grimmschen Märchen in der Forschungs- und Beratungspraxis – als plastische Sinnbilder seelischer Schicksale von Menschen, Unternehmen und Kulturen. In mehr als zwei Dutzend Märchenbildern kategorisiert Salber die zentralen Verwandlungsprobleme oder Verwandlungssorten in unserer Kultur. Dabei rücken die Märchen in ihrer Bildsprache und in ihren drastischen Konsequenzen die ewigen Zwickmühlen und Weichenstellungen des seelischen Alltags in den Blick. Quer durch alle ihre Figuren verfolgen sie die Entwicklung eines seelisch relevanten Komplexes.

Bei Hänsel und Gretel geht es beispielsweise um das Verhältnis von Wiederkehr und Verwandlung. Sind wir bereit, die alten Verhältnisse zu verlassen und einen ungewissen

Neuanfang zu riskieren? Die Stiefmutter wird im Märchen zum Anwalt eines Verwandlungs-Anspruches. Sie schickt die Kinder aus der Enge und Kargheit der bestehenden Verhältnisse auf eine ungewisse Reise. Die Kinder repräsentieren jedoch die Sehnsucht nach dem Fortbestand der etablierten (Versorgungs-)Verhältnisse. Trickreich sorgen sie dafür, dass sie unverzüglich ins Alte zurückkehren können. Als diese Strategie beim zweiten Mal nicht mehr funktioniert, suchen und wählen sie das nächstbeste Versorgungsparadies.

Hier geraten sie an eine Übermutter, die auf den ersten Blick freundlich und zugewandt ist und den Kindern jeden Wunsch erfüllt. Aber diese Übermutter entpuppt sich als selbstsüchtige Hexe, die die Kinder buchstäblich zum Fressen gern hat. Das vermeintliche Versorgungs-Paradies erweist sich als tödliches Gefängnis, als Endstation Sehnsucht. In diesem goldenen Käfig wird man verbacken und verbraten. Zukunft und Entwicklung finden erst wieder statt, als sich die Kinder von der Übermutter und ihrem Versorgungs-Paradies befreien. Anhand dieses Verwandlungs-Komplexes wird auch der Be-

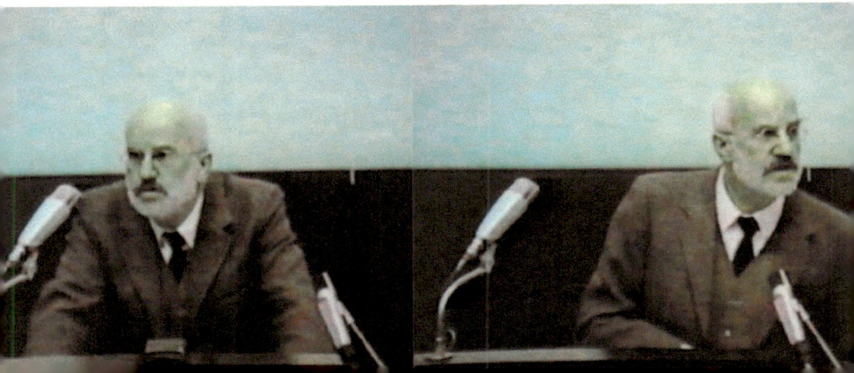

deutungskreis des (Stief-)Mütterlichen entfaltet. Die scheinbar so hartherzige Stiefmutter repräsentiert einen Entwicklungs-Anspruch mit all seinen Risiken und Unwägbarkeiten. Dagegen steht als Beharrungs-Angebot die Übermutter, die den Kindern vieles und letztlich alles abnimmt – selbst ihre Entwicklung.

Oft vergessen wird der Schlussteil der Märchenerzählung, der Mut zum Neuanfang fordert. Die Kinder begeben sich am Ende tatsächlich auf eine ungewisse Reise. Sie müssen sich trennen, um mit der Hilfe einer Ente über ein fremdes Wasser überzusetzen. Aber durch diese Risikobereitschaft haben sie am Ende ihre Heimat nicht verloren, sondern neu gewonnen. Ente gut – alles gut? Nein, denn das Leben bleibt auch in der Rückkehr ein ständiger Übergang: die alten Verhältnisse werden umgebildet und das Gebilde muss sich neu einrichten.

Hänsel und Gretel und die vielen anderen Märchen, die Wilhelm Salber auf ihre psychologischen Figurationen durch-

leuchtet hat, sind für die Analyse und die Therapie eminent praktische Sinnbilder, die sich erst im Austausch mit konkreten Fällen materialisieren. Sie zeigen die Probleme, die Klemmen, die Übergänge oder Verlagerungen auf, in die unsere individuellen oder gesellschaftlichen Produktionsprozesse geraten können: von der Emanzipation vom Elternhaus bis zur Revision des Verhältnisses zur Übermutter Merkel. Wilhelm Salber hat den dunklen Kontinent der Seele nicht nur durch die Analyse der Märchenbilder morphologisch neu kartiert. Und seine Bilder, Muster und Seelenlandschaften sind und bleiben ein unverzichtbares Rüstzeug für den Psychologen in Forschung und Praxis.

Video-Aufzeichungen aus Vorlesungen, Sommersemester 1984.

TRICKSTER MAKES THIS WORLD
LEWIS HYDE
SOMMER
HEINRICH MANN
Gottfried Benn · BRIEFE
Vostell
100 Postkarten
Edition Staeck 69 Heidelberg
Ingrimstr. 3 Postfach 10 20 63

A. Lange
LITERATUR KRITIK
THEORIE DER LITERATUR
AUSTIN WARREN
DER LITERATUR KRITIK
1750
1830
Wellek·Literaturkritik
ÜBER DEN HUMANISMUS
KLAGES, Die Probleme der Graphologie.
Die Geschichte der synopt. Tradition

„Wie können wir morphologisch arbeiten?"
Letzter Vortrag am 30. Oktober 2016.

Jenseits der Haltung

Rhapsodisches beim Denken an Wilhelm Salber

Ingo Dammer

Es ist ein eigentümliches Gefühl, am Schreibtisch zu sitzen mit dem Vorsatz, etwas über Wilhelm Salber zu schreiben. Also nicht ihn zu zitieren oder der ahnungslosen Welt in gebotener Kürze vorzustellen. Sondern eben über ihn zu schreiben, über den ich eigentlich nicht viel mehr sagen kann als: er war mein Lehrer.

De mortuis nil nisi bene. Was die Römer, mit Töten, Tod und Sterben viel vertrauter als wir, da forderten, haben Tote, die es wert sind, dass man über sie spricht, in meinen Augen auch verdient. Nicht dass man nur Gutes über die Toten sage, wie die herzlich geliebte, angenehm friedfertige und grammatikalisch hanebüchene Übersetzung es insinuiert. Sondern dass man das, was man über sie sagen will, gut sage. Und das macht die Sache ziemlich vertrackt.

Zudem ich wenig über ihn ‚persönlich', wie der Gestus bedeutungsschwerer Annäherung es erforderte, zu berichten weiß, denn wir waren uns nun mal nicht so nah, dass Besinnliches oder gar Tiefgründiges dabei herauskäme. Und hätte sich in der Tat Anekdotenfähiges zwischen uns ereignet, ginge es ohnehin nur ihn und mich etwas an.

Solcherart von fehlenden Ideen umzingelt, kommt es mir sehr gelegen, dass es schier unmöglich ist, über Wilhelm Salber zu sprechen, ohne auch, wenn nicht sogar vor allem, über sein Werk zu sprechen. Über die Psychologische Mor-

phologie, die ich ab jetzt bei ihrem Rufnamen nennen werde. Morphologie also. Obwohl die globalen morphologischen Legionen von Anzahl und Kampfkraft her überschaubar sind, wird man die Morphologie akademischem Brauch zufolge als Schule bezeichnen dürfen. Schule und Lehrer: das passt doch irgendwie.
Schon. Aber wie? Durch wahlloses Herausgreifen und skizzenhaftes Besingen eines der vielen Aspekte möglichen Lernens, die mir so in den Kopf kommen und ihn flugs wieder verlassen. Getroffen hat es die Haltung. In dem Sinne, in dem Wilhelm Salber gerne mal äußerte, Psychologie sei zwar auch eine Wissenschaft, zuvorderst aber eine Haltung. Das habe ich im vollen Sinn des Wortes gelernt und möchte ein paar Gedanken darüber verlieren, nicht zuletzt, weil die Haltung, die man zu etwas einnimmt, schön breit ausstrahlt und im Grunde überall ihre Wirkungen zeitigt. So lassen sich vielleicht, von nur einem Wort ausgehend, die üppigsten Kollateralschäden im denkerischen Umfeld erzielen.

Mit der Tugend in Not geraten ...

Nun hatte ich, wie jeder andere Frischling in der (damals noch) Haedenkampstraße, schon eine Haltung, als ich mit dem Psychologiestudium anfing, die ich auch nicht zum Ende des x-ten Semesters gegen eine zertifiziert morphologische eingetauscht habe. Flexibilismen dieser Art waren mir als Westfale immer schon zutiefst suspekt und sind es bis heute. Nein, es gab Kämpfe, zum Teil durchaus lautstark ausgetragen, keineswegs frei von Polemik und praktisch nie der psychologischen Grundregel, diesem abgespreizten kleinen Finger des therapeutischen Teetrinkens, gehorchend, man möge sich doch bitte des Agierens enthalten. Dafür war Wilhelm Salber sich keineswegs zu schade.

Aber dass es um eine Haltung gehen sollte, die man dann auch konsequent durchhalten kann, ohne alle fünf Denkschritte eine Zusatzannahme machen zu müssen, wenn man nicht vor den Schrubber offensichtlicher Abstrusität laufen will, das hat gerade den Westfalen affiziert. Da kam mir in mehrfacher Hinsicht etwas entgegen, so dass ich glaube, von einer allmählichen Verfertigung und, nicht zu vergessen, Systematisierung der Haltung beim Studieren sprechen zu können. Vieles passte gut, manches weniger oder auch gar nicht. Jedenfalls ward mir während des Studiums der Morphologie öfter als in jedem anderen Lebenszusammenhang Erleuchtung und Erkenntnis zuteil. Jede Menge wertvolle, sogar einzigartige Aha-, aber keine Bekehrungserlebnisse.

Zu einer Haltung gehört nämlich auch Sturheit, was Westfalen gegenüber Rheinländern einen klaren genetischen Vorteil verschafft. Aber es braucht eben auch die Bereitschaft zur Radikalität, die man in allen Volksstämmen finden kann, wenn man lange genug sucht. Bei einigen von uns hat sie in einer späten Studienphase die Haltung so weit getrieben, dass sich, wie bei jeder extremisierten Haltung, die Katze schließlich in den Schwanz biss. Was ebenfalls eine wertvolle Erfahrung, für unsere Umwelt aber nicht immer ganz einfach war.

So attraktiv die Haltung infolge ihrer Exotik und ihrer Resultate war, soll doch nicht verschwiegen werden, dass sie auch eine intellektuelle Überlebensnotwendigkeit war, wenn man sich mit der Morphologie beschäftigte. Sie war also ebenso tugendhaft wie notgeboren. Denn Wilhelm Salber kultivierte seinerseits ein ungefähr lebenslanges Hase-und-Igel-Spiel. Immer wenn seine gleichermaßen verstehenswütige wie leidensbereite Mitwelt wähnte, nun doch im seltenen Mit-, zumeist aber Nachvollzug verstanden zu haben, was die morphologische Welt im Innersten zusammenhält, verschwand Wilhelm Salber und tauchte, während noch alle entgeistert auf die frische Leerstelle starrten, woanders wieder auf. „Ick bün all hier." Denn man tau!

...aber auch wieder heraus

Dagegen half nur Haltung. Gewiss konnte man auch verzückt hinterher hecheln, in der jeweils neuen Version die jeweils noch essentiellere Essenz der Morphologie wittern und schließlich auch finden. Aber dem Seelenfrieden wie der Entwicklung dienlicher war es, sich an den Verdacht des Polonius zu halten, dass in dem Wahnsinn vermutlich Methode stecke. Schließlich hat Wilhelm Salber mehr als einmal genau diese Haltung bei Freud als besonders fruchtbar und entwicklungsträchtig hervorgehoben. Von Wien lernen hieß also siegen lernen, soll heißen, die Wendungen als Ergänzungen verstehen lernen. Und zwar nicht als lückenschließende Fertigbauteile à la Tetris, sondern als Anreicherungen im Sinne der Komplementarität. Quantentheorie in der Psychologie? Und ob! Freud und Heisenberg in einem Atemzug? Aber ja! Ist eben alles eine Frage der Haltung.

„Seelenlandschaften“: Salber am 30. Oktober 2016
vor BSP-Studenten.

Außerdem hat eine andere Facette dieser Haltung dazu beigetragen, die Entwicklungen der Morphologie, bei allem schuldigen Respekt für den Seinerzeitgeist, nicht als historisch notwendig hinbiegen zu müssen. Eher blieb der Eindruck, dass Wilhelm Salber die Gabe hatte, die Dinge ganz goethesch da, wo er sie (an)packte, interessant zu machen. Eben noch hatte er sich im Prado Goyas Bilder zu Gemüte geführt, und heraus kam kurz darauf der beeindruckendste Vortrag, den ich je von Wilhelm Salber gehört habe.
Wie er im Laufe der Jahrzehnte jeweils von einem Hölzchen aufs andere Stöckchen kam, wird seine Gründe gehabt haben. Die kenne ich aber diesseits seiner eigenen Äußerungen dazu nicht. Unterm Strich war es so, als nutze er in einer Welt, in der Lehrer das Privileg hatten zu lehren, statt Lehrpläne erfüllen zu müssen, die Freiheit der Lehre, die auch eine des Augenblicks ist. Und man verschone mich an dieser Stelle bitte mit der Hypothese der vollständigen Determination von allem und jedem im Universum oder auch nur im Seelenleben. Abgesehen von der bleiernen Dogmatik, mit der sie die Welt auskleidet, ist sie, solange man die Determinationen nicht konkret zeigen kann, eben genau das: Hypothese. Also jenseits ihres heuristischen Wertes Glaubenssatz. Allah û akbâr.

Das Tau im Nadelöhr: die Beschreibung

1985 erschien ein Aufsatz von Wilhelm Salber mit dem Titel „Alltag behandelt All-Tag“. Knapper lässt sich die hier nun schon so häufig ins Feld geführte Haltung kaum zusammenfassen. Konfrontiert mit dem Mantra „beschreiben, beschreiben,

beschreiben", also dem beständigen Rückverweis an die doch hinlänglich bekannten, oft kränkend trivialen und darüberhinaus ja zumeist auch längst verstanden geglaubten Phänomene des Alltags, revoltierte das sich plötzlich entthront sehende Streben, nun möglichst direkt zum archimedischen Punkt vorzustoßen und die Sache (egal welche) damit ein für allemal zu erledigen. Gegen diesen Wunsch, der ja keineswegs unzulässig ist, sondern nur wie jeder Wunsch, den man mit sich alleine lässt, blöd macht, erhob sich unablässig die Forderung zu beschreiben. Was man nicht beschreibend zeigen konnte, war konstruktiv ungültig, durfte nicht zur Erklärung herbeigezogen werden. Tat man es doch, gab's was auf die Finger.

Das Beschreiben als methodischen Königsweg und gleichzeitig als Strafprozessordnung des Erklärens zu akzeptieren, war ein langwährender Kampf. Und ihn nicht nach kurzem aufzugeben, nicht der Versuchung anheimzufallen, als Psychologe ‚den Menschen' für wahlweise ‚gut' oder ‚schlecht' und alles andere für daraus resultierende Epiphänomene zu halten, gelang nur, weil das Beschreiben erstaunliche Resultate hervorbrachte. Und zwar insbesondere dann, wenn man im gerade untersuchten Thema vor dem einen oder anderen Phänomen stand, das sich dem Verstehenwollen gründlich sperrte, also der Einordnung in einen Kontext und der damit einhergehenden Zubilligung von Sinn. Wenn mithin Beschreibung nicht mehr aktive Interpretation eines Phänomens, sondern vorerst nur seine stumpfe Registrierung war, und man als Beschreibender vor dem Phänomen stand wie der sprichwörtliche Ochs vorm Berge.

Nach dem Vortrag beim Italiener, 30. Oktober 2016.

Auf diese Weise hielt das Beschreiben das Erstaunen am Leben. Und tut es immer noch. Was enorm wertvoll ist, denn die Morphologie hat Risiken und Nebenwirkungen. So war bei nicht wenigen Morphologen eine Tendenz zur vorzeitigen Vergreisung zu bemerken, erlebbar werdend in der abwinkenden Einstellung, alles irgendwie immer schon gewusst zu haben. „Irgendwie“ heißt in diesem Falle, vielleicht nicht jedes kleine gerade beforschte Thema im Ergebnis aktiv parat gehabt zu haben, aber bei seiner aktuellen Enthüllung, vorzugsweise durch morphologische Kollegen, im vollen Einklang mit dem Weltgeist gelassen nicken zu können. Jaja, so ist das.
Wo wir schon bei der dunklen Seite sind: die angedeutete Unfähigkeit zum Überraschtsein, die einfach alles gleichmütig erwartet wie ein Gott, der das Interesse an seiner Schöpfung verloren hat, hat eine weniger kulturverträgliche Zwillingsschwester. Die betritt immer dann die Bühne, wenn Auseinandersetzung mit Andersgläubigen ansteht. Flugs verwandelt sich dann die rheinische Gemütlichkeit in auftrumpfendes Besserwissen, das sich infolge des eo ipso uneinholbaren Wahrheitsvorsprungs der gerade agierenden Morphologen ebenso souverän glaubt, wie es zuvor das Nicken getan hat.
Ohne hier auf diese schmerzhafte Symptomatik näher eingehen zu wollen oder zu können, bleibt festzuhalten: es ist das Exerzitium der Beschreibung, das mit seinem Zwang zur Kenntnisnahme von Phänomenen, den lustvollen Galopp des deutend-konstruierenden Denkens humorlos bremsend, vor solchen Haltungsschäden zu schützen vermag. Die Beschreibung vermittelt, wollte man hier gemessen theologisie-

ren, ein wenig Demut davor, dass die Wirklichkeit größer ist als jeder Versuch, sie zu verstehen. Und erheblich witziger. Ich verstehe also die methodische Grundlage der Haltung, die ich meine, als das durchaus wörtlich zu nehmende memento mori der Morphologie. Das, endlich ein Paradox, ihre enorme Vitalität begründet.

An der Tafel der Götter: vom Ganzen her

Denn letztlich war es der beschreibende Zugang, der Witz, Quecksilbrigkeit und Irrlichterei der seelischen Wirklichkeit herauszuarbeiten und zu verrücken erlaubte. Und sie damit am Leben hielt. Die späteren Topoi des Salberschen Denkens – der ungraue Alltag, die Seelenrevolution, die Kultur – wären alle geeignet gewesen, ihren jeweiligen Gegenstand mit einem Schlag zu erledigen, ihn quasi zu präparieren und dem Denkmuseum zu Aufbewahrung und Ausstellung zu übereignen. Wilhelm Salber hat das vermeiden können.
Vielmehr hat er das alles zur weiteren Entwicklung freigesetzt, an der er selbst in den letzten Jahren, immer noch und wie immer, den größten Anteil hatte. In den Veröffentlichungen zu diesen Themen kam eine weitere Komponente der Haltung, um die es hier geht, besonders zur Geltung: vom Ganzen her denken. Das zu lernen, war in gewisser Weise schwieriger als die angedeutete Disziplin im Beschreiben. Also noch schwieriger.
Hauptsächlich deswegen, weil es zum einen deren dialektischer Gegenpart ist, insofern es den genau umgekehrten, sozusagen deduktiven Weg geht, und man keinen Punkt iden-

tifizieren kann, an dem das Spannungsverhältnis der beiden Vorgehensweisen zur Ruhe käme. Hier, in der zutiefst befriedigenden Einsicht ins Ganze, lauern all die angesprochenen Gefahren des unbeweglich werdenden Besserwissens: man weiß ja schon alles, zumindest alles, was zu wissen sich lohnt. He's got the whole world in his hands. Wofür sich dann noch weiteren Mühen unterziehen? Die Falle ist offensichtlich, trotzdem bleibt sie verlockend.

Zum anderen aber ist das Denken vom Ganzen her im Unterschied zur Beschreibung kaum methodisch vermittelbar und entsprechend schwierig zu lernen. Hier stößt man an eine Grenze, jenseits derer nur noch diffuse Hilfskonstruktionen wie „Begabung" existieren, um wenigstens ansatzweise verständlich zu machen, warum manche es besser können als andere. Wilhelm Salber dabei zu beobachten, wie er ein Rorschach-Protokoll rhythmisch auswertete und dabei die Signatur zu einer Art Rap machte, war ebenso beeindruckend, wie das, was er da tat, unnachahmlich war. Zumal er keine Absicht erkennen ließ, dieses sein originäres Können jemandem vermitteln zu wollen. Er hätte es gemäß der Inschrift über dem Eingang zum (von Dante unterschlagenen und für Pädagogen reservierten) achten Kreis der Hölle, dass man zwar alles lernen, aber nicht alles lehren könne, wahrscheinlich auch gar nicht gekonnt.

Was Wilhelm Salber aber konnte wie kein anderer, war eben das: die Gestalt des Ganzen intuieren und explizieren. Und zwar mit einer gewissen, in meinen Augen mit dem Alter zunehmenden Kompromisslosigkeit. Er hat es sich nicht nehmen lassen, die Dinge bei ihrem (unangenehmen) Namen zu nennen, wenn er sie denn so sah. Seine jüngsten Analysen der in digitaler Überbeweglichkeit zwischen Optimierungswut und Schlaraffenphantasien eingeklemmten Doppelblindkultur unserer Tage waren das letzte Beispiel dafür. Leider das letzte.

Jenseits und vor Allem

Denn auch das gehört, quasi als Kehrseite der Sturheit, zu einer Haltung. Welche Kompromisse geht man ein? Wo sind die Unverzichtbarkeiten, die man um keinen Preis opfern kann? Und wo sind doch Übergangsstellen, Möglichkeiten der Anverwandlung? Fragen, die sich seit Urzeiten alltäglich stellen, aber immer wieder neu beantwortet werden müssen, die vielleicht sogar drängender werden in einer Zeit, in der immer mehr Menschen zu glauben scheinen, ihre Teilnahme an der Wirklichkeit werde befriedigender, weil sie zu beliebigen Themen in globalen Netzwerken den Daumen cäsarenwahnsinnig heben oder senken. Dürfen.

Da hat Wilhelm Salber konsequent Stellung bezogen und Haltung gezeigt, wie üblich um den Preis ausbleibender Popularität. Der Alltag erträgt es nur schwer, wenn seine beruhigenden Verrechnungen mit dem All-Tag aufgestört, seine mühsam und immer wieder neu hergestellte Harmlosigkeit als wunschgesteuerte Illusion entlarvt wird. Dass nichts keine Kehrseite hat, alles nur in unaufhebbaren Spannungsverhältnissen und Gestalten nur in Verwandlung existieren, dass Ganze unganz und Paradoxa, also Widersprüche, konstitutiv sind, dass nur Wirkungen zählen, und dass das alles in einem gesetzlichen Durcheinander die Produktion von Sinn steuert, ja, Sinn überhaupt erst hervorbringt – das erfüllt nicht den Anspruch an ein marktfähiges denkerisches Convenience-Produkt. Wilhelm Salber hat das gewusst, aber er hat es sich nicht abkaufen zu lassen, auf diesen Dingen zu beharren, die die Kulturentwicklung zu Schwarzen Löchern gemacht hat: unsichtbar, aber von massiver Wirksamkeit.

Das alles so durchzuhalten und einer wie auch immer marginalen Öffentlichkeit zugänglich zu machen, wie Wilhelm Salber es getan hat, überschreitet den Geltungsbereich jeder denkbaren Definition von Psychologie. Würde er einer solchen Einschätzung, implizit also der Behauptung, dass Psychologie zu betreiben Wirkungen jenseits der Psychologie haben kann, soll und muss, zugestimmt haben? Ich glaube ja. Denn trotz der ständig bereitstehenden Exkommunikationsdrohung, dieses oder jenes sei „unpsychologisch", eignete ihm die stammestypische Verschmitztheit des Rheinländers (Aachener Einsprüche gegen die gerade vorgenommene Eingemeindung erkläre ich hiermit für unzulässig). Insofern, und nicht, weil er lange darüber nachgedacht hätte, konnte er in einem sehr positiven Sinn nicht anders.

Diese Haltung, die auch Wilhelm Salber bei aller diesbezüglichen Vorsicht über die Psychologie hinausgeführt hat, möchte ich versuchsweise, aber unverhandelbar als Weisheit bezeichnen. Und die braucht es bei jemandem, den ich in meinem Alter im vollen Sinn des Wortes meinen Lehrer nenne.

Wilhelm mit Linde Salber im Eingang des Institutsgebäudes Haedenkampstraße, Anfang 1970er Jahre.

Mein Salber

Eine Annäherung in Anekdoten

Armin Schulte

I

Bei meiner ersten Begegnung mit Wilhelm Salber Anfang Mai 1978 habe ich Salber (unbekannterweise) für einen Penner gehalten. Unsere Wege kreuzten sich vor dem Gebäude in der Haedenkampstr. (später: Herbert-Lewin-Str.), in dem auch das Psychologische Institut II untergebracht war. Ich war gerade umzugsbedingt mit einem Wagen voller Hausrat aus Gießen angekommen und konnte dank der frühen vormittäglichen Stunde in einem Platz vor dem Institut einparken, Salber kam gerade aus dem Eingangs-Vorbau und schickte sich an, seines Weges zu gehen. Aufgrund seiner äußeren Erscheinung – Mehrtage-Bart sowie einer ärmellosen Weste mit ganz vielen Taschen und Täschchen – und in Begleitung eines Hundes, der ebenfalls reichlich zerknautscht aussah (eine Französische Bulldogge, wie ich später erfuhr), war ich der Ansicht, die beiden hätten im Schutze des gläsernen Vorbaus übernachtet und machten sich nun daran, die weiteren Stationen ihres Tage-Werks (etwa ein erster Park-Besuch) in Angriff zu nehmen.

II

Nach sechsjähriger Wartezeit (NC 3,3) bekam ich zum WS 1997 im zweiten Nachrückverfahren einen Studienplatz in Psychologie – in Gießen. Wohnhaft in der Nähe von Neuss, schrieb ich mich dort zwar ein, bemühte mich jedoch, umgehend nach Köln zu wechseln, was mir dann schließlich zur dritten Wochen des Sommersemesters, die ich in Gießen verbrachte, unter recht abenteuerlichen Umständen im Zuge eines Studienplatz-Tausches auch gelang.

Ich hatte jedoch keine Ahnung, was mich in Sachen ‚Psychologie' in Köln erwartete. Und von Morphologie hatte ich erst recht noch nie etwas gehört. Da ich mich eh unter Zeitdruck wähnte, übernahm ich kurzerhand den kompletten Stundenplan eines entfernt bekannten Kommilitonen, der mich – noch immer völlig unbedarft – in die Veranstaltungen am Salber-Lehrstuhl versetzte, die für das zweite Semester vorgesehen waren. Die Vorlesung von Wilhelm Salber montags und dienstags inclusive.

Hier sahen wir uns also wieder und hier erfuhr ich, angeregt durch diverse Befremdungen, die seine Vorlesung alsbald bei mir auslösten (Dietrich Dörner in Gießen war demgegenüber erwartungs-gemäß und nachvollziehbar), von meinen übrigen Kommilitonen, dass man sich, Psychologie in Köln studierend, entscheiden müsse. Zwischen was? Zwischen Salber und den Anderen (Kirchhoff, Undeutsch, Angermeier).

Und da sich die meisten in meinem Umfeld allem Anschein nach bereits entschieden hatten (was meinen Druck, Anschluss zu finden, spürbar verstärkte), bemühte ich mich heraus zu bekommen, auf welcher Grundlage sie denn ihre Entscheidung (für Salber) getroffen hatten. Das aber konnte mir keine(r) so recht bzw. nachvollziehbar erläutern. Das Einzige, was man mir sagen konnte, war, Salber sei schwierig, aber interessant.

Ich brauchte in etwa drei Semester, mich in verschiedenen Wendungen und Windungen auf die Morphologie einzulassen. Unvergesslich etwa die zwei Wochen, die ich mit Lektüre und Exegese der Einleitung (!) in „Der Psychische Gegenstand" verbrachte, getrieben von einem final-finsteren Ehrgeiz, mir zumindest eine grobe Ahnung von dem zu erarbeiten, um was es hier eigentlich ging. In steter Erinnerung bleiben werden mir auch zwei Anmerkungen Salbers, die mich damals nachhaltig in Rage versetzten und die mich durch mein gesamtes Studium hinweg (und wie man sieht, auch darüber hinaus) begleiteten:
Zu Beginn jeder Vorlesung – bei Erläuterung der jeweiligen Thematik und als Einstimmung auf die Eigenarten des Kommenden – pflegte Salber insbesondere die ersten Semester mit der Aufforderung zu irritieren: „Vergessen Sie alles, was Sie bislang über Psychologie gelernt haben!" Rumms! Wie wohl einige meiner Kommilitonen war auch ich der Überzeugung, dass ein Studium der Psychologie im Wesentlichen die Kenntnisse und Kompetenzen im Hinblick auf menschliches Erleben und Verhalten, die wir bei ausgeprägter Interessenslage bereits erworben hatten, erweitern, festigen und verfeinern würden. (Auch die großzügige Vermittlung von Techniken, Tipps und Tricks zur Manipulation der Anderen und zwecks Selbst-Behandlung seiner selbst wären willkommen gewesen.) Aber es kam dann doch ein wenig anders. Bildung als Um-Bildung.

Dank der eher abweisenden Reaktionen auf unsere unbedarften Beiträge in den Seminaren unter Verwendung von gewohnten Begriffen aus der Abteilung „Denken, Fühlen, Wollen" wurde den meisten von uns Anfängern recht zügig klar, dass all diese Kategorien, Begriffe und Konstrukte im Rahmen der Morphologie wohl nicht so angesagt waren. Alternativ-angemessene Ausdrucksweisen schienen bis auf Weiteres in weiter Ferne und hatte für mich im Übergang von „So nicht!" zu „Wie denn dann?" eine mehr als einjährige (recht strapaziöse und auch im Alltag virulente) Sprachlosigkeit in allen Themen mit psychologischem Bezug (also eigentlich in Allem) zur Folge.

Die zweite, von mir damals als sehr anmaßend bis unangemessene erlebte Bemerkung Salbers, die jedoch für das Studium durchaus bedeutsam und für die grundlegende Haltung Salbers überaus bezeichnend war, erfolgte als Replik auf eine Frage meinerseits zu Beginn des Hauptstudiums, was er denn von den Studenten in seinen (mündlichen) Prüfungen erwarten und verlangen würde. Seine Antwort, die er wohl auch bei ähnlichen Anlässen zu bedenken gab: Im Kern käme es ihm darauf an, dass seine Studenten erkennen ließen, ein bisschen psychologisch denken zu können. Fünf bis sechs Jahre Studium – mit allen welt-umstürzlerischen Aufs und Abs –, um sich „ein bisschen" in psychologisches Denken eingeübt zu haben. PS: Mittlerweile, nach etlichen Jahren eigener Lehrerfahrung komme ich allerdings nicht umhin einzuräumen, dass Salber mit diesem zunächst allzu provokant-bescheidenen Anspruch – je nach Maßstab, den man an das, was in einem Studium der

Salbers Hund „Emil" als Hamlet. Arbeit von Vostell (1978).

Psychologie gemeinhin geleistet werden kann, anlegen mag – durchaus recht hatte. Zumal man „ein bisschen psychologisch denken" je nach eigenen Ambitionen und je nach studentischerseits ausgeprägten Potentialen bzw. Bereitschaften durchaus unterschiedlich auslegen kann. Aber gemessen an der Komplexität und den Ungeheuerlichkeiten des Seelischen sowie dem, was eine dem Seelischen angemessene Psychologie hier alles in den Blick nehmen kann, kann „ein bisschen" schon sehr viel sein.

Drei weitere Bemerkungen Salbers, die er in verschiedenen Vorlesungen in vergleichbarer Grundsätzlichkeit anzumerken pflegte, sind mir in diesem Zusammenhang ebenfalls in steter Erinnerung geblieben:

- „Es ist eigentlich gleich, welche psychologische Auffassung Sie vertreten, Hauptsache, Sie betreiben diese konsequent."
- „Jeder Psychologe sollte sich in mindestens zwei Psychologien auskennen."
- „Lassen Sie sich auf keinen Psychologen ein, der sich nicht mehr entwickelt."

III

Ein damals in eingeweihten Kreisen recht gebräuchliches und unter der Hand kolportiertes Bild für das Institut Salbers war das eines Königshofs. Selbstredend mit Salber an der Spitze (und F. W. Heubach als demonstrativ unangepasst-prärebellischem Kronprinzen), es folgten seine verbeamteten Mitarbeiter und dann schließlich diejenigen mit Zeitverträgen. Auch die studentischen Hilfskräfte und Salbers Sekretärin gehörten gewissermaßen mit zum erweiterten Hofstaat.

Die nächste Ebene bildete ein stetes Dutzend ambitionierter Studenten zwischen Vor- und Hauptdiplom, die sich mit ihren sachkundigen Beiträgen, Anmerkungen und Fragen in den verschiedenen Veranstaltungen Salbers mit diesem in einer für jüngere Semester meist wenig nachvollziehbaren Weise fachsimpelnd verständigten. Im Übergang zum ‚gemeinen Volk' des morphologischen Reiches differenzierte sich das restliche Gros der Studierenden durch ihre Teilnahme an den Lehrangeboten Salbers: seine Vorlesung (montags und dienstags, 15.00 – 15.45 Uhr) für alle, das sogenannte Mittelseminar (montags im Anschluss an die Vorlesung ab 16.00 Uhr) für fortschreitende Novizen und schließlich als erster Kreis der Auserwählten das Oberseminar A – privatissime (montags nach dem Mittelseminar) – in das jedoch nur diejenigen aufgenommen wurden, die sich in den Augen Salbers durch besondere Leistungen (Vordiplom-Prüfungen, Mitarbeit im Seminar o.ä.) hervorgetan hatten und deren Zulassung durch einen Aushang am Schwarzen Brett zu Beginn eines jeden Semesters publik gemacht wurde. Hier zeigte sich, ob man sich (auch weiterhin) noch zum engeren Kreis der aufsteigenden Jung-Morphologen als zugehörig betrachten konnte (zusätzlich geadelt durch den Umstand, dass Salber sich ab hier die Namen der Teilnehmer zu merken begann) oder ob man wieder ins Tal der namenlosen Menge zurückgestoßen wurde.

(Bei Letzteren soll es nach Sichtung der Liste wiederholt zu verzweifelten Zusammenbrüchen gekommen sein.)

Und dann war da noch das Oberseminar B für diejenigen, die am Salber-Lehrstuhl bzw. bei Salber ihre Diplom-Arbeit schrieben und diese hier (obligatorisch) vorzustellen hatten. Anwesend: alle Diplomanden, ihre jeweiligen Betreuer (sprich: die Mitarbeiter [‚Assistenten‘] Salbers) und natürlich Salber selber. Der Hofstaat war versammelt – ein Umstand, der die Sitzungen dieses Seminars zu einem der Höhepunkte, man könnte auch sagen: Nadelöhre des gesamten Studiums werden ließ. Mit mehr oder weniger dramatischen Verläufen. Wilhelm Salber war – im Unterschied zu manch‘ anderem Kollegen – Zeit seiner akademischen Tätigkeit (und darüber hinaus) ein ausdauernder, disziplinierter und v.a. systematischer Schaffender. Diese Systematik hatte u.a. als Konsequenz, dass er im Laufe seines Schaffens diverse Wirklichkeits-Bereiche (Pädagogik, Film, Literatur, Kunst, Klinik, Alltag, Historie) nacheinander ‚in Angriff‘ nahm und morphologisch ‚durchforstete‘ und ‚beackerte‘, ein jeweiliger Schwerpunkt, der sich auch in den Themen der in diesem Zeitraum anzufertigen Diplom-Arbeiten niederschlug bzw. widerspiegelte.

In Tateinheit mit diesen obig skizzierten Eigenschaften bzw. als deren Grundlage war Salber ein gewaltiger wie begnadeter Aneigner mit durchaus vampiresken Zügen. Was wiederum eben zur Folge hatte, dass Diplomarbeiten weder thematisch noch perspektivisch nach Interessenslage der Diplomanden oder der Betreuer gehandhabt werden konnten, sondern Salber diese als Zuarbeit zu den Themen betrachtete, an denen er gerade – meist in Vorbereitung auf sein nächstes Buch – arbeitete. Diese Ausrichtung und Einbindung sicher zu stellen, dienten zwei bis drei Vorbesprechungen im kleinen Kreis (Diplomand, Mitarbeiter, Salber) und dann, gewissermaßen als Schluss-Akkord, besagte Vorstellung der Arbeiten (meist kurz vor Abgabe) in großer Runde im Oberseminar B.

Eine für alle Beteiligten mal mehr, mal weniger (für Diplomand und Betreuer eher mehr) anspruchsvolle Prozedur in häufig mulmig-angespannter Atmosphäre, für die man im Vorhinein nie sicher sein konnte, welchen Verlauf die Vorstellung nehmen würde und was einen in unterschiedlichen Graden von Betroffenheit in diesen Sitzungen erwartete. Mal unerwartet glatt und wohlwollend, mal erhoffbar ohne größere Komplikationen, mal überraschend holprig, mal ‚Waterloo' – man wusste nie genau, welche Umstände oder Faktoren dabei eine Rolle spielten: die Tagesform des Vorstellenden, die Abfolge der einzelnen Themen oder die tages-aktuelle Laune Salbers bzw. sein im Verlauf der Vorbesprechungen entwickeltes Verhältnis zur jeweiligen Arbeit.

Auch für die jeweiligen Betreuer war die in Frage kommende Sitzung eine strapaziöse Angelegenheit, da sie immer mit auf dem Prüfstand standen. Einige hielten sich manchmal (gerade bei sich anbahnenden Katastrophen) eher vornehm zurück, andere versuchten tapfer ihren Schützlingen beizustehen oder (selten) versuchten gar, die Arbeit gegenüber kritischen Anmerkungen offensiv zu verteidigten.

Zwei (Un-) Fälle sind mir in besonderer Erinnerung geblieben. Die Vorstellung einer „psychologischen Untersuchung zum Glockenläuten" beginnt erwartungsgemäß mit einer Beschreibung alltäglicher Phänomene zum Thema, gerät dann jedoch alsbald in eine Dynamik, die sich der speziellen Logik des Gegenstandes verdankt, und entschwebt in die höheren Sphären transzendentaler Spekulationen. Salber unterbricht nach kurzer Zeit und fordert den Diplomanden auf, das, von dem gerade die Rede ist, auf nachvollziehbare Art zu veranschaulichenden oder zumindest zu belegen, auf was sich solch' kühne Behauptungen denn stützen könnten. Mit leicht vorwurfsvollem Unterton bezieht der Vortragende sich diesbezüglich auf Erwin Straus („Vom Sinn der Sinne"), fährt fort mit einigen grundsätzlichen Erläuterungen zum Verhältnis von ‚Ich' und ‚Welt' und sucht das Glockenläuten als mahnenden Verweis vom Diesseits ins Jenseits zu kennzeichnen. Aber auch hier grätscht Salber nach kurzer Zeit dazwischen mit der Feststellung: „Also, wenn bei mir zu Hause um Zwölf die Glocken läuten, dann weiß ich: Mittags-Zeit, das Essen steht auf dem Tisch."

Nach diesem jähen Rücksturz ins Irdische stellt Salber anhand der weiteren tendenziell fragmentarisiert-unbeholfenen Ausführungs-Versuche des Diplomanden die für ihn (Salber) bedeutsamen Züge des Gegenstandes heraus, nicht ohne dann schließlich nun seinerseits noch einmal die All-Gegenwart des

All-Tags im Alltag zu betonen und die Angelegenheit auf diese Weise dann doch noch zu einem halbwegs glimpflichen Abschluss zu bringen.

Die Vorstellung der anderen Arbeit ging gleich mit einer zweifachen Hypothek an den Start. Zum einen hatte sich die Diplomandin im Verlaufe ihres Studiums wie manch‘ andere auch eine Ausdrucksweise zu eigen gemacht, die man damals gemeinhin als „morpheln“ bezeichnete und die durch die geballte Verwendung bedeutungsbeladener bis verquaster morphologischer Begrifflichkeiten – bzw. das, was man dafür hielt – geprägt war. Jemand, dem diese Sprachwelt fremd war, konnte in solchen Fällen bestenfalls erahnen, um was es eigentlich ging oder gehen sollte.

Zum anderen lag dem Gegenstand der Arbeit – Kinder-Spiel – die Beobachtung eines Falles (also n = 1) zugrunde, der zudem auch noch die eigene Tochter war. Für hinreichende Verwicklungs-Möglichkeiten war also gesorgt. Nach ca. zehnminütiger Einstimmung in die Thematik unterbrach Salber die Ausführungen der Diplomandin recht abrupt mit der Frage, was das denn eigentlich sei, was sie da gerade vortrage. Die Diplomandin – ob der Grundsätzlichkeit dieser Frage sichtlich irritiert – erwiderte, sie würde gerade, wie zu Beginn einer solchen Vorstellung doch üblich, das Spiel(en) ihrer Tochter im Alltag beschreiben. Daraufhin Salber: „Das hat mit Beschreiben nichts zu tun!“ Diese Feststellung kam auch bei anderen Gelegenheiten einem finalen Blattschuss gleich, der den Auftritt

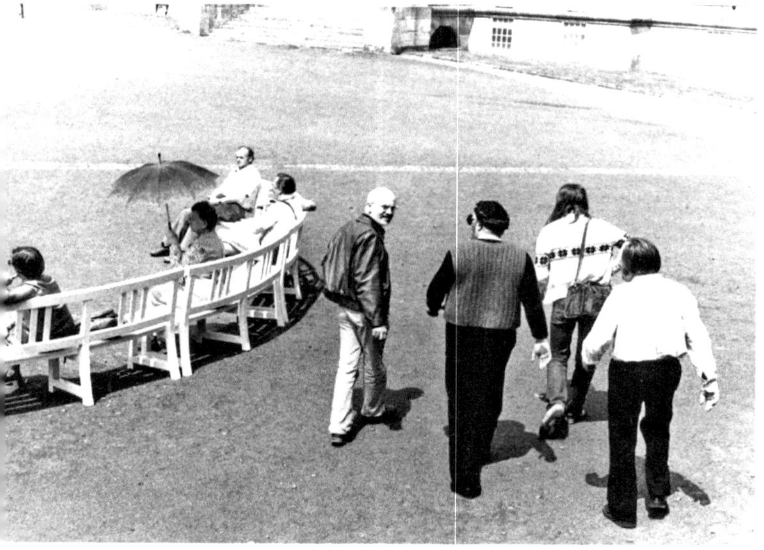

Mit Wolf Vostell auf der documenta in Kassel, 1977.

oder die Ausführungen eines derart Disqualifizierten mit einem Schlag zum Stehen brachte bzw. nachgerade vernichtete.

IV

Als versierter Aneigner war Salber mit der Geschichte des Abendlandes von der Antike bis zur Jetzt-Zeit bestens und in bewundernswerter Weise vertraut. Mit Schwerpunkt auf den Vergangenheiten, obwohl er auch die aktuellen Gescheh- und Vorkommnisse in (fast) allen Lebens-Bereichen stets aufmerksam verfolgte und zu allem eine sachkundige, ihm zu eigen seiende Auffassung vertrat. Die zeitgenössische(n) Psychologie(n) in ihren Fort-Entwicklungen und Erkenntnissen interessierten ihn dabei allerdings bestenfalls&eher am Rande – von dieser Haltung inspiriert hatten wir in den ersten Jahren der „Zwischenschritte“ einmal ein T-Shirt mit dem Aufdruck aufgelegt: „Ist der Fortschritt in der Psychologie noch aufzuhalten? Ja! Zwischenschritte“ –, und an einem Austausch in&mit lebenden Kollegen war ihm nicht allzu viel gelegen. Zumal er sich ab der siebziger Jahre aus dem Wissenschafts-Betrieb – etwa in Form von Teilnahme an Tagungen oder Kongressen – weitgehend verabschiedet hatte und sich in einer freiwillig-unfreiwilligen ‚splendid isolation‘ (damit aber unbehelligt durch unfruchtbare Auseinandersetzungen mit unbelehrbaren Fach-Kreisen) ganz&gar der Morphologie und seinen sonstigen Leidenschaften (u.a. antiquarische Bücher, Kunst, Zeichnen und Malen) widmen konnte. Manchem seiner Studenten bot Salber somit ein berechtigendes Vor-Bild, sich zumindest Zeit ihres Studiums voll&ganz mit der Morphologie auseinanderzusetzen – mit der Exegese seiner Bücher und den Form-Zwängen des Studiums war man ja auch gut beschäftigt – und den Rest der Welt ein wenig aus dem Blick zu verlieren und damit ihre ‚Schnittstellen-Fähigkeiten' einzugrenzen – ein Makel/Manko, das gleichfalls der gelebten Morphologie in toto bis heutzutage nachhängt und ihre Weitläufigkeit arg behindert. Vor diesem Hintergrund hatte ich schon damals eine – nie geschaltete – Klein-Anzeige vor Augen: „Nette Psychologie in gute Hände abzugeben. Gerne mit Auslauf."

Salber war jedoch nicht bloßer Kenner des Abendländischen mit all seinen Entwicklungen, Epochen, Strömungen und – zentralen – Ereignissen (etwa im klassisch lexikalischen Sinne), sondern hatte sich seine Bilder im gesamten Spektrum von Kultur und Kultivierung im umfassenden Sinne nach Maßgabe seiner Zeit seines Lebens geschulten Welt-Anschauung anverwandelt und dabei nachhaltig ‚zu eigen' gemacht. Er übernahm nicht einfach, sondern machte sich zurecht und gestaltete um. Ganz im Sinne eines seiner Schülers (Hans Joachim Schmitz), der einmal berichtete, er würde die Frage, was er denn beruflich mache, mit dem Hinweis beantworten, er sei Dreher, drehte auch Salber an allem, was ihm begegnete und womit er sich befasste und suchte die Dinge im Zuge einer solchen Einverleibung in seinem Sinne bzw. gemäß seiner Interessenlage zumindest dann bzw. so lange zu beeinflussen, bis er beim Gegenüber auf eine klare Entschiedenheit stieß, deren Widerstand ihm wohl zu viel Aufwand abverlangt hätte oder angesichts dessen er einsah, dass er nichts mehr würde ausrichten könne. Auch stieß er gerne in sich ergebende oder aufklaffende Leerstellen bzw. Gesprächs-Lücken, um diese zu überbrücken und gleichermaßen in seinem Sinne zu füllen. So z.B. bei einem mehrstündigen Treffen am 6. Dezember 1994 (Nikolaus), wo ein ausgewählter Kreis von Schülern aus den morphologischen Marktforschungs-Instituten zusammengekommen war, um Salber zu Geschichte und Entwicklungen der Morphologie Fragen stellen zu können, die er dann ausführlich wie anschaulich in längeren Ausführungen beantwortete. Als den Teilnehmenden nach geraumer Zeit die Fragen auszugehen drohten, und der Verlauf schleppender wurde, suchte Salber das Unternehmen wieder in Gang zu bringen, indem er nach einer sich einstellenden längeren Pause vorschlug „Also ich an Ihrer Stelle würde mir jetzt die folgende Frage stellen ...", um diese dann auch gleich ausführlich zu beantworten. „Alles fließt" bzw. muss in Fluss bleiben.

All dies machte es für Andere in Salbers Umfeld – und hier ist man mit einen weiteren strukturellen Missstand in Sachen ‚gelebter Morphologie' konfrontiert – insbesondere in all den Jahren seines Wirkens an der Universität schwer bis unmöglich, etwas Eigenes zu entwickeln. Sowohl zu Zeiten des Instituts als auch in Kreisen der von der Instituts-Logik geprägten privatwirtschaftlichen, morphologisch beseelten Unternehmen außerhalb der Universität war es vornehmlich Angelegenheit der jeweiligen Führungs-Spitze, den Alltag in ihrem Sinne und im Rahmen dessen zu gestalten und insbesondere zu be- resp. verhindern, dass sich Andere – und sei es nur befürchteter

Im Austausch mit dem Psychoanalytiker Ernest Freud entwickelte Salber Ende der 1970er Jahre die „Analytische Intensivberatung“, eine Kurztherapie auf Grundlage der Psychologischen Morphologie. Das Foto entstand 1992 bei Verleihung der Ehrendoktorwürde der Kölner Universität an Ernest Freud.

Weise – zu unliebsamer Konkurrenz entwickeln, die eigenen Kreise stören bzw. die eigenen Wirkungs-Kreise einschränken oder gar ‚beschneiden' konnten.

V

Salbers Bücher zu lesen, war gerade in den eigenen Anfängen wahrlich kein Vergnügen. In einigen Fällen – wie z.B. dem („gelben") Behandlungs-Buch – waren die ersten Seiten durchaus noch nachvollziehbar. Ganz in der Logik des Mephistophelischen Rats im ‚Faust', „Das Beste, was du wissen kannst, darfst du den Buben doch nicht sagen", schien Salber kein allzu ausgeprägtes Interesse daran zu haben, sich seinen Lesern allgemein-verständlich mitzuteilen und ein Verstehen der Morphologie in angemessenem Aufwand zu ermöglichen. Trotz mehrfach gegenteiliger Bekundungen und trotz einiger Versuche in späteren Jahren, eine zugänglichere „Pop-Morphologie" zu verfassen, hielt Salber sich die Ihm-Folge-Willigen auch auf diese Weise auf Distanz.

In deutlichem Unterschied zu seinen Büchern waren Salbers gesprochenen Ausführungen, zumindest ab einem gewissen Grad der Vertrautheit, für seine Zuhörerschaften wesentlich eingängiger. Diese Differenz ist freilich – wie alles im Leben – überdeterminiert und dürfte sich in mancherlei Hinsichten selbst Salbers kundigen Selbst-Begründungen entziehen. Mir gegenüber rechtfertigte er seine ihm durchaus bewusste unzugängliche Schreibweise einmal damit, dass er sich mit seinen Schriften in die Pflicht nähme, „wasserdicht" zu argumentieren, um sachlichen Angriffen auf sein Werk – die ja aus anderen Gründen ohnehin kaum stattfanden – vorzubeugen. Beim mündlichen Vortrag sei er diesbezüglich entspannter – was wiederum mit ein Grund dafür sein mochte, dass er in seinen Vorlesungen zu Beginn des Semesters regelmäßig wie ausdrücklich darauf hinwies, dass Mitschnitte in jedweder Form nicht gestattet seien.

Dank geeigneter Umstände gelang es mir jedoch einmal, Salber zu überreden, eine Vorlesung – ich meine im SS 1984 – auf Video aufzeichnen zu lassen. Ich besorgte die instituts-eigene Kamera (ein ungetümes Gerät), ergänzte selbige um ein weiteres Mikrofon aus privatem Besitz, baute alles im Hörsaal auf und hatte einen kundigen Kommilitonen, der in einer Film-AG aktiv war (Nickname „Goldi"), gebeten, die Kamera zu bedienen und diese abwechslungshalber ein wenig zu schwenken bzw. ab&zu den Zoom-Knopf zu betätigen.

Die erste Vorlesung gelang bestens, Salber erschien in Jackett, Weste und Krawatte, wies auf die unübersehbare, von ihm jedoch genehmigte Aufzeichnung und eröffnete die Saison mit einer Vorschau auf das Kommende und stieg umgehend in die Thematik („Seelisches als Kultivierungsform") ein. Im Laufe der Vorlesung muss ihm das ganze Aufnahme-Projekt allerdings unheimlich geworden sein, und nachdem er wohl auch im Anschluss darüber noch einmal nachgedacht hatte, bat er mich am nächsten Morgen kurz zu sich, um mir vorzuschlagen, eine Aufzeichnung der ersten zehn Minuten der

Vorlesung, in denen er das Wesentliche der letzten Stunde noch einmal zusammenfasste (und schon immer für eigene Zwecke auf Ton-Kassette aufgenommen hatte), wäre doch als Dokumentation völlig hinreichend. Und da ich ahnte, dass ich ihn von dieser Variante kaum würde abbringen können, wies ich auf den gleichbleibend hohen Aufwand des Unternehmens hin und machte meinerseits den Vorschlag, es dann doch besser ganz sein zu lassen. Salber war spontan sehr einverstanden (und wohl auch recht erleichtert).

Aber noch einmal kurz zurück zu Salbers weit gespannten Horizonten, in die man sich per Buch zwar recht mühsam ein-lesen musste, von denen man in seinen Vorlesungen auf weniger sibyllinische Weise teil-nehmen und ungemein profitieren konnte. Denn zu den unbestreitbar großartigen wie außergewöhnlichen Verdiensten einer Ausbildung am Lehrstuhl Salber zählt, hier im Laufe des Studiums mit Epochen, Geistesströmungen, Ereignissen und insbesondere mit (den Werken von) Personen aus sämtlichen Schaffensbereichen konfrontiert worden zu sein, von denen man in einigen Fällen sicher schon einmal gehört hatte, die den meisten Studenten häufig jedoch einigermaßen unbekannt gewesen sein dürften. Und von denen in einem Studium der Psychologie an anderen Hochschulen gewiss nie die Rede ist.

Montaigne, Dilthey, Straus, Friedell, Kierkegaard, Sterne, Steinberg, Spencer, Bacon, Goya, Turner ... um nur einige zu nennen, die ich – dank Salber – in seinen Veranstaltungen (näher) kennenlernen konnte und die mir auch persönlich weit über das Studium hinaus sehr ‚ans Herz' gewachsen sind.

VI

Über sein gesamtes Werken und Wirken hinweg sah Salber sich als entschiedenen, konsequenten und wohl auch radikalen Betreiber und Vertreter einer psychologischen Auffassung, für die er hart und diszipliniert arbeitete und um derentwillen er auch bereit war, diverse Unannehmlichkeiten und Belastungen in Kauf zu nehmen. Dass er dabei bisweilen über einige ‚Ziele' hinausschoss, manchem nicht gerecht wurde und einiges versäumte und verfehlte, steht allerdings auf dem gleichen Blatt. So und so – wir alle, die wir bei ihm in&durch die psychologische ‚Schule' gingen und (s)eine morphologische Welt-Anschauung übernommen bzw. uns zu eigen gemacht haben, verdanken ihm in diesen Hinsichten unendlich viel. Es war nicht immer einfach mit Salber und er hat es einem (allerdings auch sich selbst gegenüber) nicht einfach gemacht. Wo immer und was immer er jetzt auch sein oder nicht sein mag, was bleibt ist, sein An-Denken an einen großen Psychologen, akademischen Lehrer und langjährigen Kollegen in Wertschätzung und (gebotener) Zuneigung zu bewahren.

Und sein – das – Werk einer Morphologischen Psychologie fortzusetzen. Aber – um angesichts von zugebilligtem Stellenwert und eingeengten Spiel-Räumen der Psychologie in unserer Gegenwarts-Kultur – mit einem Hinweis von S. Freud aus einem Film der BBC über ihn und sein Werk zu schließen: „The struggle is not yet over."

Der Bildhauer Bonifatius Stirnberg im Gespräch mit Wilhelm Salber, 1975. Beide waren Jugendfreunde. Salber stand Modell für den „Professor" von Stirnbergs Puppenbrunnen in Aachen.

Wirkungseinheit. Wilhelm und Daniel Salber, im Hintergrund Tante Karola, Verlautenheide bei Aachen, 1972.

Wie ich meinen Vater kennenlernte

Betrachtung eines Fotos aus dem Jahre 1972

Daniel Salber

Anfang der 1970er Jahre habe ich meinen Vater kennengelernt. Ich war ungefähr 16. Natürlich kannte ich ihn vorher schon. Ich erinnere mich an dicke Wollpullover und Pfeife, ich muss zwei bis drei Jahre alt gewesen sein, an etwas Warmes also und Bergendes. Später dann war er für mich lange Zeit abwesend, in der dialektischen Bedeutung, dass das Abwesende zugleich anwesend ist – als abwesend. Das war wohl die Zeit, als die Morphologie geboren wurde. In den 70er Jahren fanden wir uns wieder: im Schreiben, im Lesen, im Lachen. Genau davon erzählt das Foto.

Wir sitzen am Tisch auf der Terrasse von Omas Reihenhaus bei Aachen. Mein Vater raucht gelassen seine Pfeife und liest ein Buch oder eine Fernsehzeitung. Ich mache Hausaufgaben, wahrscheinlich für Deutsch oder Latein. Beides gab uns damals Gesprächsstoff, und ich saugte auf, was der Vater über Dichter aller Zeiten erzählte. In der Mitte des Bildes thront Tante Tit wie ein Buddha, der nicht ganz versteht, was die beiden da machen, oder der über all das Gemache längst hinaus ist. Tante Tit war meine Lieblingstante, sie war die Schwester der Mutter meines Vaters und hieß eigentlich Tante Karola. Bei Oma Lisa und Tante Tit gab es in guter Aachener Tradition nachmittags Kaffee und Kuchen. Sicher war es ein sonniger Samstag oder Sonntag im September

1972, als mein Vater, Linde und ich im ziegelroten 1200er VW-Käfer zu Besuch kamen. Lange Zeit verstand ich nicht, warum der Professor nur einen Käfer fuhr, die Väter meiner Freunde hatten alle einen teuren Mercedes oder mindestens einen Ford Granada in Goldmetallic. Nun begann ich zu verstehen: Er war anders.

Das Foto ist auf der rechten Seite durch Lichteinfall leicht verschleiert, es muss wohl das erste Bild auf dem Film gewesen sein. Linde hat das Foto mit meiner Minox-Kamera gemacht, ich habe es später selber im Keller vergrößert, unter beträchtlichem Aufwand an Chemikalien und Farbfiltern. Die Minox habe ich meinem Vater nachgekauft. Bei Kameras war er immer auf dem neusten Stand, auch wenn er sonst nicht viel vom „technischen Fortschritt" hielt. Diese Kleinstbildkamera (8x11 mm) hieß auch „Agentenkamera", weil sie ganz schmal und keine zehn Zentimeter lang war. Mit ihr konnte ich unbemerkt die Lehrer in der Schule ablichten. Über die Fotos freute sich dann unsere Schülerzeitung.

Vielleicht haben wir uns nach dem Kaffee gar nicht über Catull, sondern über die Schülerzeitung unterhalten. Mit derselben Begeisterung, wie er über antike Dichtung redete, konnte mein Vater den zeitgenössischen Schulbetrieb auseinandernehmen. Endlich fand ich ihn ihm einen Verbündeten, der mit mir über meine Lehrer lachte – wie später über meine Chefs und Kollegen. Ein witziger, ein schelmischer Vater: so lernte ich ihn Ende der 60er, Anfang der 70er Jahre kennen.

Am „Hollandhäuschen“: Wilhelm mit Linde Salber und VW-Käfer in Aardenburg, Niederlande.

Ferien an der Nordsee, um 1970.

1973 kam der Film „Pat Garrett jagt Billy the Kid" ins Kino, und dieser Film von Sam Peckinpah (Musik: Bob Dylan) spiegelte in den beiden Helden genau die beiden Seiten, die ich bei meinem Vater erlebte. Hatte ich viele Jahre nur den strikten Sheriff Pat Garrett gesehen, der mir schlechte Schulnoten verübelte, so lernte ich jetzt Billy (Willi) the Kid kennen, das spielerische Kind, den Rebellen, den Freigeist, den Schelm. Die Welt wurde weit, sie wurde bunt, und das war nicht nur den „68ern" zu verdanken, sondern gewiss auch Linde Salber.

Sommerferien in Holland mit Linde, meinem Vater und meiner Schwester Sanna waren der tolle Höhepunkt des Jahres. Es gab Hamburger mit Limo, Whiskypröbchen, Venz Schokohagel, im Piratensender „Radio Nordzee" plärrten The Who, und mit der Luftpistole durften wir den Garten von Udo Undeutschs Ferienhaus verbleien, bis die „Diabolos" durch den ausgeschossenen Lauf fielen. Geistig bewegte ich mich zwischen dem „Prager Pitaval", einer Sammlung historischer Kriminalfälle von Egon Erwin Kisch, und dem VW-Reparaturhandbuch „Jetzt helfe ich mir selbst". Dieser Klassiker von Dieter Korp brachte mich auf die Bahn des späteren Ingenieurstudiums, mit dem ich zeitweise Vaters Spuren verließ, um dann auf dem Umweg über Kants „Kritik der reinen Vernunft" zur Morphologie zu finden.

Auch in seiner Morphologie war mein Vater zeitlebens beides, Billy the Kid und Pat Garrett. Als Billy war er das schöpferische Kind, das Welten bildet und wieder zerstört, das Systeme entwirft, sie über den Haufen wirft und – buchstäblich bis zum letzten Tag – neu erschafft. In der „Lachgeschichte" (2016) höre ich die Stimme Kids. Und in seinen letzten Aufzeichnungen sucht mein Vater nach einer freien künstlerischen Form, um die Gegenstandsbildung seiner Psychologie neu darzustellen. Zugleich konnte er Pat Garrett sein, der dunkle Hüter der morphologischen Gesetze, gefährlicher Kritiker aller Abweichler, Vater der Orthodoxie. Ähnlich wie Lenin hielt er felsenfest seine Linie, um plötzlich, zur allgemeinen Verwunderung, in einer kühnen Drehung auszubrechen, damit der krausen Wirklichkeit zu ihrem Recht verholfen werde.

Im Sieg Pat Garretts über Billy the Kid inszenierte Peckinpah genau die entgegen gesetzte Wendung: den endgültigen Untergang des wilden Lebens im Netz der Kontrollen und Überversicherungen. Der Film ist eine Parabel auf die tragische Zeitenwende, die seit Mitte der 70er Jahre die abendländische Kultur erstickt: Anfangs ein Kumpan Kids, stellt sich der alternde Pat Garrett als Sheriff in den Dienst der aufkommenden Kapitalisten-Klasse. Damit will er sein Einkommen und seinen Besitz sichern, was durchaus verständlich ist, verliert aber sämtliche Lebensfreude und am Ende sogar sein Leben wegen einer banalen Geldstreitigkeit. Im Abknallen des „Kid" hat sich Pat Garrett selber getötet.

Eine Parabel auf Gefährdungen der Psychologischen Morphologie? Heute gibt es genug Pat Garretts, genug Sheriffs, Formalisten, Postensicherer, Bürokraten, Geld(ver)diener.

„Seelisches versteht sich, indem es die Dinge verrückt. Das ist eine Erkenntnis, die uns durch das Lachen besonders deutlich gemacht wird“ (anders 28/2016, S. 45). Im Umland von Aardenburg, Anfang 1980er Jahre.

Ich bin auch einer von denen, die lieber länger leben und eines Tages ihre Rente genießen wollen. Doch ich habe noch die andere Seite erfahren, die wilden Jahre Billy the Kids in Köln – und das schelmische Lachen am Kaffeetisch mit Tante Tit. Ich wünsche mir sehr, dass dieser Willi the Kid weiterlebt, und wenn schon nicht in unserer, dann in einer kommenden Generation.

„Haus aus Zeit." In seinen letzten Aufzeichnungen skizzierte Salber eine neue aphoristische Darstellung seiner Psychologie.

Statt eines bloßen „Sammelhaufens" von Fakten entwirft die Morphologie ein „Haus", ein Gefüge, in dem alles ineinander greift und Menschen leben können. Es ist kein Haus aus Stein, sondern ein Haus aus Zeit: Gegenstand der Psychologie ist der Mensch, und der Mensch existiert „in" und „aus" Zeit.
Mit „Zeit" meinte Salber nicht die Uhrzeit, sondern die endliche „Verwandlungszeit", aus der wir selbst bestehen, indem wir sie bestehen.

Als ein zeitlicher Verstehens-Prozess ist die Psychologie ein „Haus aus Zeit", unser Leben ist ein „Haus aus Zeit" – und „Haus aus Zeit" ist auch das Lebenswerk Wilhelm Salbers.

Aphorismen — Gliederung GB 2016

1) Stiftsfigur mit Modell:
Haus mit Grund und Spannungen

→ Psych. (GB) Herstellung

2) Psych. GB = Haus in/aus Zeit
Vor-Urteile
Auffassung:
Darstellungskateg. (Theater Spiel Auftritt)
Gerüst (von Entwurf)
Ordnungsträger [illegible] / Prototyp – Selbständigkeit
[P]

MM des Ausknüppel alltags

3) „eh[illegible] Taumel
außer H aus
= verflüchtigte GB
= Manipulierbare WB

GOGREEN
Der klimaneutrale Versand mit der Deutschen Post

→ VH der G (GB): Punkte Betriebsamkeit Ausweichen

4) Das Ganze d (GB) als GuG
– Dramatik d. (GB)
→ vor[illegible] entwürfe und Konfigurationen
→ Besetzung und Ordnungsträger
→ Darstellung Q Kateg. und Denkgerüst
– Lesedürfte (MdI?)
– Bearbeitung/Wirken Dilthey vs. [illegible]
– Immanent: Strauss/Sartre
– Denkgerüst: G-Konzeption

– OT = Md
– [P]

GB – Kurzfassung
„Aphorismen!"

(1) – Warum sollte Psych. ein Sammelhaufen (Fakten Fakten) sein und nicht ein ganzes Haus
Seite 22 ff
(oder ein Raumstift)
○ mit Gasten (oder ein Haushalt)
○ mit Grundmauern, [illegible] Gewölbe Spannungen, Tragendem und Offenem;

Warum kein ganzes Haus für d. Psych.?

I ein Gebilde, ein gestalteter Gegenstand mit Platzanordnungen, Abstützungen, Ergänzungen, bei dem alles von einem Ende zu Anderem ineinandergreift, sich entwickelt mit widerstrebendem Zusammenkommt

Ein ein Dreh- Stiftsfiguren [illegible]

(2) Das fehlt (und ist) auch nicht zu ersetzen durch Klitzern von empirischen Fortschritten, den Stud. –
das läßt sie auswendig lernen ohne zu verstehen!
das bringt sie in [illegible] Taumel
und Moralischen Rückgriffen

Leder Einzelheiten, noch zählen noch Moralisieren (kann Hausplan ersetzen)

Übergang von Verstehen z. Alltags und der Wir

(3) [illegible] Gegenstand des Hauses
hergestellt, gestaltet [illegible] und ist Ansatz für Erfassen der GB / einer Psych. G"

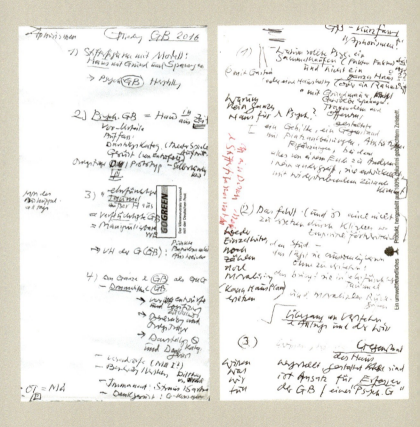

Wissen was wir tun

Daten zu Leben und Werk

Geboren **9.März 1928** in Aachen

1947 Abitur am Kaiser-Karls-Gymnasium in Aachen

1948 Abschluss der Ersten Deutschen Journalistenschule, Aachen. Freier Mitarbeiter und Zeichner für verschiedene Zeitungen

1949 Immatrikulation an der Universität Bonn

1952 Promotion zum Dr. phil.; wissenschaftliche Hilfskraft am Psychologischen Institut

1953 Diplom-Psychologe; wissenschaftlicher Assistent in Bonn und Erlangen

1953 Heirat mit der Psychologin Christa Roericht (geschieden 1968)

1955 „Die Kunst der Charakterschilderung"

1956 „Über psychische Handlungseinheiten". Jahrb. f. Psychol., Psychoth. u.med. Anthrop., 4. Jg., 1/2, S. 128-147

Seit **1956** „Motivuntersuchungen" zum Umgang mit Medien und Dingen (Benzin, Filme, Kosmetik, Kohle, Lektüre); Gutachter bei der FSK der Filmwirtschaft

1958 Habilitation an der Philosophischen Fakultät der Universität Bonn

1959 Berufung als Professor an die Pädagogische Akademie Köln.

1959 „Der Psychische Gegenstand"

1961 Berufung an die Pädagogische Hochschule Würzburg

1963 Direktor des neugegründeten Psychologischen Institutes II an der Universität zu Köln. Entwicklung des Konzeptes einer Psychologischen Morphologie; Erforschung von Alltag, Kunst, Kultur, Medien; von Erziehung, Werbung und Behandlung

1965 „Morphologie des seelischen Geschehens"

1968 Heiratet in 2. Ehe die Psychologin Linde Wangemann

1969 „Wirkungseinheiten"

1973 Begegnung mit Anna Freud; Analyse bei ihr; Reisen nach Russland auf Einladung der Akademie der Wissenschaften. Mitarbeit bei Psychologie-Sendungen im Fernsehen („Hilferufe"); Filme über Goya und Don Quijote

1977 „Kunst – Psychologie – Behandlung"

1985 „Anna Freud"

1987 „Psychologische Märchenanalyse"

1993 „Seelenrevolution"

1993 Emeritierung nach 30 Jahren Tätigkeit als Direktor des psychologischen Institutes II der Universität zu Köln

Seit **1993** Beratung und Supervision (Forschungsprojekte; Medien-Untersuchungen; Supervision von Instituten für Morphologische Wirkungsforschung; Untersuchung von Entwicklungs- und Kulturproblemen)

2003 „75 Notizen zur Metapsychologie"

Seit **2010** Herausgabe der Zeitschrift „anders"

2015 „Radikale Ganzheitspsychologie"

Verstorben **2. Dezember 2016** in Köln
an den Folgen eines Schlaganfalls

Schriftenverzeichnis

1953
Urteil, Entschluß und Entscheidung. Psychol. Beitr., Bd. I, 3, 435-469

1954
Leistungsgrenzen des Tests. Jahrb. f. Psychol., Psychoth. u. med. Anthrop. 2. Jg., H. 3, 320 326

1955
Charakterschilderung. Weinheim (Beltz). 5. erweiterte Auflage. Bonn (Bouvier) 2011

1956
Über psychische Handlungseinheiten. Jahrb. f. Psychol., Psychoth. u. med. Anthrop., 4. Jg., 1/2, 128-147

1957
Bildgefüge und Erlebnisgefüge. Jahrb. f. Psychol., Psychoth. u. med. Anthrop..5. Jg., 1/2, 72-81

1958
Formen zeichnerischer Entwicklung. Z. f. diagn. Psychol. u. Persönlichkeitsforschung, Bd. VI, 1, 48-64

1959
Der Psychische Gegenstand. Bonn (Bouvier). 6. erweiterte. Aufl., Bonn 1988

Die Entwicklung der Sprache. In: Thomae, H. (Hg.): Entwicklungspsychologie, Handbuch der Psychologie, Bd. 3, Göttingen (Hogrefe), 442-476

Sind Ganzheiten praktisch? Z. f. exper. u. angew. Psychologie, Bd.VI, 3, 645-659

1960
Qualitative Methoden der Persönlichkeitsforschung. In: Lersch, Ph. u. Thomae, H. (Hg.): Persönlichkeitsforschung und Persönlichkeitstheorie. Handbuch der Psychologie, Bd. 4. Göttingen , 30-58

Zur Psychologie des Filmerlebens. Jahrb. d. Ästhetik, Bd. V, H.3, 33-88

Der Blick. Studium Generale, 13. Jg., H.10, 577-58

Psychologie der Kleidung. In: Bericht über den 22. Kongreß derDeutschen Gesellschaft für Psychologie in Heidelberg 1959, Göttingen, 73-75

1961
Film und Beeinflussung. Päd. Rundschau, 15. Jg., H. 3, 147-158

Formen des Nachwirkens seelischer Erlebnisse. Päd. Rundschau, 15. Jg., H. 5, 255-270

1962
Psychologische Beiträge zum Verständnis der Beeinflussung. Kölner Z. f. Soziol. u. Sozialpsychol., 14. Jg., H. 1, 87-104

1963
Untersuchungen zur Literaturpsychologie. Bericht über den 23. Kongreß der Deutschen Gesellschaft f. Psychologie in Würzburg 1962, Göttingen (Hogrefe), 139-140

1964
Zur psychologischen Interpretation des Films. Päd. Rundschau, 18. Jg., H. 6, 544-565

Psychologische Aspekte der Bildung. In: Jugend und Bildungsaus-schuß Baden-Würtembergischer Kammern und Verbände (Hg): Bildungs-Probleme in unserer Gesellschaft, Stuttgart, 1-6

1965
Morphologie des seelischen Geschehens. Ratingen (Henn). 3. erweit. Aufl., Bonn (Bouvier) 1986

1966
Psychologischer Exkurs zur Abhandlung des Thomas von Aquin über die Klugheit. In: Thomas von Aquin: Summa Theologica (vollständige, ungekürzte Ausgabe), Bd. 17 B: Die Liebe (2.Teil). Klugheit, kommentiert von J. Endres, Heidelberg u.a., 555-574

Chancen und Begrenzungen des Faktischen. Jahrb. f. Psychol., Psychoth. u. med. Anthrop., 14. Jg., H. 2-4, 150-158

Psychologische Probleme der Presse. Die Pädagogische Provinz, 20. Jg., H. 1-2, 29-54

1967
Motivationen des Studierens. In: Bericht über den 25. Kongreß derDeutschen Gesellschaft f. Psychologie in Münster 1966, Göttingen (Hogrefe), 535-540

Die Psychologie im Studium der Gymnasiallehrer. didactica, 1, 119-132

Zu – Nicht versöhnt. In: Kino No.4; wieder abgedruckt in: Salber, W. (Hg.): Wirkungsanalyse des Films, Köln 1977, 181-182

1968

Psychologie des Vampirfilms. Bild d. Wissenschaft, 5. Jg., H. 5, 423-431

1969

Charakterentwicklung. Ratingen (Henn)

Wirkungseinheiten. Ratingen (Henn), 3. erweiterte Auflage. Bonn (Bouvier) 2007

Sprachpsychologie. In: Enzyklopädisches Handbuch d. Sonderpäd-agogik u. ihrer Grenzgebiete, hg. v. Heese, G. u. Wegener H., Berlin, 3408-3413

Strukturen der Verhaltens- und Erlebensbeschreibung. In: Enzyklopädie d. geisteswiss. Arbeitsmethoden, 7.Lieferung: Methoden der Psychologie und Pädagogik, München (Ehrenwirth), 3-52

Psychologie und Hochschuldidaktik. In: Jahrbuch. d. Universität zu Köln, Köln, 310-314

Zusammenhänge auf dem Buchmarkt – psychologisch gesehen. Archiv f. Soziolologie u. Wirtschaftsfragen d. Buchhandels, Nr. 62, 1855-1870

Aufgaben und Wesenszüge der Hochschulen als Grundlagen der Reform. Gesamtschule, 1. Jg., H.4, 31-34

Drei Abhandlungen von Friedrich Sander aus dem Jahre 1967. Archiv f. d. gesamte Psychol., 121, 294-300

Die Universität als Wirkungseinheit psychischer Faktoren. Jahrb. f. Psychol., Psychoth. u. med. Anthropol. 17. Jg., H. 1-2, 130-143

1970

Film und Sexualität. Bonn (Bouvier). 2. Auflage Bonn 1971

Studieren – psychologisch betrachtet. Päd. Rundschau, 23. Jg., H. 11, 828-839

1971

Lesen und Lesen-Lassen. Zur Psychologie des Umgangs mit Büchern. Schriftenreihe des Börsenvereins des Deutschen Buchhandels, Bd.6, Frankfurt/M.

Pädagogik und Psychologie (mit H. H.Groothoff). In: Erziehungswissenschaftliches Handbuch, hg. v. Ellwein, T. u.a., Berlin, 141-176

Materialien zu einer Literaturpsychologie. In: Archiv f. Soziologie u. Wirtschaftsfragen d. Buchhandels, 27. Jg., 1610-1675

Psychologie und Werbung. In: Lorenz, K.-J. (Hg.): Der Beruf desWerbefachmanns in der veränderten Welt von morgen. Festschrift für H. L. Zankl. Köln

Psychologische Untersuchungen der Motivationen des Umgangs mit Büchern. In: Börsenblatt f. d. Deutschen Buchhandel, Nr. 53, 1545-1609

1972

Psychologie und Hochschuldidaktik. Ratingen (Henn)

Literaturpsychologie. Bonn (Bouvier). 2. Auflage Bonn 1988

Perspektiven morphologischer Psychologie. 2 Bde., hg. v. W. Salber, Ratingen (Henn)

Psychologie als Konstruktion und Neukonstruktion. In: Salber, W. (Hg.): Perspektiven Morphologischer Psychologie I. Ratingen (Henn), 81-93

Metapsychologie. In: Salber, W. (Hg.): Perspektiven morphologischer Psychologie II. Ratingen (Henn), 53-71

Ein psychologischer Ansatz zur Lernzielbestimmung. In: Beiträgezum Lernzielproblem, Schriftenreihe des Kultusministers, H. 16., 45-66

Kunstmaßstab – Zu Wolf Vostell, Masztab: Leben ist Kunst. In: Thomas, K. (Hg.): Kunst – Praxis heute, Köln, 184-185

1973

Entwicklungen der Psychologie Sigmund Freuds, Bd. I. Bonn (Bouvier), 4.Auflage Bonn 2006

Entwicklungen der Psychologie Sigmund Freuds, Bd. II. Bonn (Bouvier), 3.Auflage Bonn 2006

Aggression, Angst, Charakterbildung, Neurose, Sexualität, Tiefenpsychologie, Traum und Tagtraum, Verdrängung. In: Lexikon für Eltern und Erzieher, hg. v. H.H. Groothoff u. a., Stuttgart

Psychoanalyse. In: Handlexikon zur Erziehung, hg. v. L. Roth. München, 325-330

Das Unvollkommene als Kulturprinzip – Anmerkungen zur Kulturpsychologie Sigmund Freuds. Z. f. Klin. Psychol. u. Psychother., Jg. 21, 2, 140-155

Literatur, Handlung und Behandlung – Grundlagen von Wirklichkeit und Wirksamkeit. In: Archiv f. Soziologie u. Wirtschaftsfragen d. Buchhandels, H. XXVI, 1039-1076

Warum lesen wir? In: Südkurier, Konstanz

1974
Entwicklungen der Psychologie Sigmund Freuds, Bd. III. Bonn (Bouvier), 3. Auflage Bonn 2006

Reconstruction des Metamorphoses, Paris; deutsch: Rekonstruktionvon Metamorphosen. Psychologische Untersuchung zu W. Vostell: Zyklus Mania, Köln 1975

Steinbergs Lektionen in Psychologie. In: Steinberg, S.: Zeichnungen, Aquarelle, Collagen, Gemälde, Reliefs 1963-1974. Katalog zur Ausstellung im Kölner Kunstverein. Köln, 45-58

1975
Motivationen des Lesens und Nicht(mehr)-Lesens. In:Buchhändler-Vereinigung (Hg.): Lesen und Leben. Frankfurt/M., 115-141

Konturen einer Wissenschaftstheorie der Psychologie. In: Zimmerli, W.-Ch. (Hg.): Wissenschaftstheorie der Geisteswissenschaften. Hamburg, 258-272

Psychologische Voraussetzungen der Erwachsenenbildung. In: Blaß, J. (Hg.): Bildungstradition und moderne Gesellschaft. Zur Neuorientierung erziehungswissenschaftlichen Denkens. Hans Hermann Groothoff zum 60.Geburtstag. Hannover, 15-24

›Typisch‹ Steinberg?! In: Universität zu Köln – Mitteilungen, H. 1, 31-32

1976
Werke sind Definitionen. In: Schuh-Werke, Aspekte zum Menschenbild. Katalog zur gleichnamigen Ausstellung in der Kunsthalle Nürnberg, hg. v. C. Heigl. Nürnberg, 33-37

1977
Kunst-Psychologie-Behandlung. Bonn (Bouvier). 3. Auflage Köln (König) 1999

Kunst-Vermittlung. Köln (König)

Wirkungsanalyse des Films (gesammelte Aufsätze). Köln

»das ei«. Zum Dokumenta-Projekt von Wolf Vostell in Kassel 1977. Köln

Filmisches und Psychisches. In: Salber, W. Wirkungsanalyse des Films, Köln, 7-20

Wie fern, wie nah. In: Salber, W.: Wirkungsanalyse des Films, Köln, 21-38

1978
Drehfiguren – Karl Junker. Köln (König)

Karl Junker, Leben und Werk. Faltblatt der Stadt Lemgo

»Drehfiguren«. Faltblatt zur gleichnamigen Junker-Ausstel lung im Kölner Kunstverein 1978

Hamlet. In: Schauspielhaus Köln (Hg.): Vostell – Projekte und Ideen meiner Medienkonzeption zu Hamlet. Ausstellung im Schauspielhaus Köln, Köln, o.S.

1980
Psychologie der Plastik. Untersuchungen zur Skulptur von Bonifatius Stirnberg (mit Linde Salber). Bonn (Bouvier)

Konstruktion psychologischer Behandlung. 2. erweit. Aufl., Bonn (Bouvier) 2001

Psychästhetik und Kunstentwicklung. In: Hahn, M.(Hg.): Fortschritte der Kunstpsychologie. Frankfurt a.M., 124-133

1981
Das Sammeln ist des Wandrers Lust. In: ›38 Sammlungen‘, Katalog des Kölner Kunstvereins. Köln, 5-17

Haben Drogen eine Seele?. In: Materialband zur Ausstellung des Rautenstrauch-Joest-Museums f. Völkerkunde der Stadt Köln 1981, 1246-1255; auch in: Völger, G. (Hg.): Rausch und Realität, Bd. 2, Köln 1981, 710-714

Sind Engel Ereignisse? In: Katalog zu Wolf Vostell: Fluxus Zug. Berlin

Ist Gestalt noch zu gebrauchen? Z. f .klin. Psychol. u. Psychother. Jg. 29, 4, 292-306

1982
Kunst-Morphologie. In: Tremezza von Brentano – Bewegung im Realismus, Ausstellungskatalog, Köln. 29-41

Paradoxien von Behandlung. In: Petzold. H.(Hg.): Methoden-Integration in der Psychotherapie. Paderborn, 263-284

1983
Psychologie in Bildern. Bonn (Bouvier)

Seelen—Filme. Zwischenschritte, 2. Jg., 2, 37-46

Psychoanalytische und Psychopathologische Literaturinterpretation (Rezension). Z. f. klin. Psychol. u. Psychother., Jg. 31, 4, 371-374

1984
Deiner Thaten schwarzes Bild. Zwischenschritte, 3. Jg., H. 1, 63-71

Struktur in Entwicklung. In:. Ahren, Y. und Wagner, W. (Hg.): Analytische Intensivberatung. Köln, 89-104

1985
Anna Freud – Bildmonographie. Reinbek (Rowohlt)

Alltag behandelt All-Tag. Zwischenschritte, 4. Jg., H. 1, 17-30

Tanz mit Leib und Seele. tanz-Illustrierte, H. 390/391, 35-42

Methoden des Seelischen – Methoden der Psychologie. In: Meuser, K. u.a. (Hg.): Wider die seelenlose Psychologie, Köln, 35-52

Tageslauf-Psychologie. Zwischenschritte, 4. Jg., H. 2, 45-55

1986
Märchen im Alltag (mit G. Rascher). Köln (Zwischenschritte Sonderheft)

Harry Schumacher alias Elias Suppengrün. Zwischenschritte, 5. Jg., H. 1, 72-76

Der Alltag ist nicht grau. Zwischenschritte, 5. Jg., 2, 39-57

1987
Psychologische Märchenanalyse. 2. erweit. Aufl. Bonn (Bouvier) 1999

Bilder sind in Bewegung – Untersuchungen zu F. Marc, S. Dali, F. Goya. In: Kroll, E.-L. (Hg.): Wege zur Kunst und zum Menschen. Festschrift für Heinrich Lützeler. Bonn, 389-408

Museum oder Warenhaus – Zur Psychologie des modernen Museums. Gespräch mit W. Vostell. Zwischenschritte, 6. Jg., H. 1, 5-13

Kulturpsychologie – Wie und Warum. Zwischenschritte, 6. Jg., H. 2, 41-49

Deutsche Kunst; Rezension zu Heinrich Lützeler. Einsichten in die Welt und in den Menschen – von der Frühzeit bis zur Gegenwart. Zwischenschritte, 6. Jg., H. 2, 83—86

1988
Kleine Werbung für das Paradox. Köln (Arbeitskreis Morphologische Psychologie)

Probleme mit dem Museum – Probleme für das Museum. Zwischenschritte, 7. Jg., H. 1, 17—29

Morphologie von Leserbriefen. Zwischenschritte, 7. Jg., H. 1, 73-77

Rede für Professor Hannes Jähn. Zwischenschritte, 7. Jg., H.1, 106-113

Bild, Leben und Werk: Psychologische Wege zur Kunst. Zwischenschritte, 7. Jg., H. 2, 48-68

Warum Alltags-Forschung? Zwischenschritte, 7. Jg., H. 2, 107-113

1989
Der Alltag ist nicht grau. Alltagspsychologie. Bonn (Bouvier). 2. Auflage Bonn 1991

Kunst im Verein. Köln

Behandlungswirklichkeit. Zwischenschritte, 8. Jg., H. 1, 53-69

Heute – das ›Besondere‹ dieses Tages. Zwischenschritte, 8. Jg., H. 2, 95-96

1990
Alltagspsychologie als Kulturpsychologie. In: Allesch/Billmann-Mahecha (Hg.): Perspektiven der Kulturpsychologie. Heidelberg, 40-43

Kultur-Film-Liebe-Alltag. Heftige Umdrehungen: Film und Sexualität heute. Zwischenschritte. 9. Jg., H. 1, 23-35

Kunst-Psychologie-Behandlung, Zwischenschritte, 9. Jg., H. 1, 73-83

Buchbesprechung : U. Eco, Das Foucaultsche Pendel. Zwischenschritte, 9. Jg., H. 1, 118-119

Zur Psychoanalyse von Männerbünden (Morphologie von Brüderlichkeit). In: Völger, G. Und Welck, K. (Hg.): Männerbünde

– Männerbande. Zur Rolle des Mannes im Kulturvergleich, Bd. 1, Köln, 41-47

Die Seele des Film. Eine filmpsychologische Analyse. In. Möhrmann, R. (Hg.): Theaterwissenschaft heute. Berlin, 297-316

Kategorien der Bilderwirklichkeit (Morphologie der Werbe-Wirkung). In: Seminar-Schriftenreihe des Instituts für Morphologische Marktforschung. Heidelberg; erneut abgedruckt in: Zwischenschritte, 10. Jg. (1991), H. 1, 77-81

Zur Psychologie von Einheit. Die Wirkungseinheit BRD-DDR (mit H.-J. Freichels). Zwischenschritte, 9.Jg., H.2, 5-24

Psychologisch Übersetzen. Nachtrag zur Untersuchung von W. Salber und H.-J. Freichels »Deutschland – Zur Psychologie von Einheit«, Zwischenschritte, 10. Jg. H. 2, 27-37

1991

Gestalt auf Reisen. Bonn (Bouvier)

Unbewußtes im Prozeß. Vortrag auf dem III. Internationalen Kongreß »Poesie und Psychoanalyse – Grupo Cero« in Madrid. Zwischenschritte, 10. Jg. H. 1, 33-42

Was ist neu bei »Gestalt auf Reisen«?. Zwischenschritte, 10. Jg., H.2, 122-124

1992

Morphologie für Nicht-Psychologen. Walter Krause im Gespräch mit Wilhelm Salber (Sendung »Zwischentöne«, Deutschlandfunk am 15.12.1991). Zwischenschritte, 11. Jg., H.1, 4-24

Laudatio auf W. Ernest Freud anläßlich der Verleihung der Ehrendoktorwürde der Philosophischen Fakultät der Universität zu Köln am 10.02.1992. Zwischenschritte, 11. Jg. H. 1, 84-85

Psychologisch Übersetzen II. In: Lönnecker, J. (Hg.): Wirkungsvolle Gestaltung und Wirkungsanalyse. Bericht über die Tagung der ›Kölner Akademie für Markt- und Medienpsychologie‹ vom 13.02.1992. Köln, 19-39

Wiedervereinigung und ihre Folgen. Psychologische Untersuchung in Köln. In: Kölner Universitäts-Journal, 22.Jg., H.1, 70-71

Drama eines Gedankenstrichs. In: Rönneper, J. (Hg.): Gedankenstrich. Gedichte – Bilder – Essays. Katalog zur gleichnamigen Ausstellung im Heinrich-Heine-Institut in Düsseldorf. Gießen, 38-41

Verstehen – wie weit kann ich reisen? In: Das kalte Herz . Zum Dialog zwischen Kunst, Wissenschaft und Technik. Katalog zur Ausstellung von Christoph Inderwiesen. Mönchengladbach

Einen Augenblick Stillstand. In: Die Wahrheit des Sichtbaren – Edward Hopper und die Fotografie. Katalog zur Ausstellung im Museum Folkwang Essen; auch abgedruckt in: Zwischenschritte, 11 Jg., H.2, 123-124

1993
Seelenrevolution – Komische Geschichte des Seelischen und der Psychologie. Bonn (Bouvier)

Kunst durch Wirklichkeit definieren. In: I.Realismus-Triennale, Katalog zur Ausstellung des Künstlersonderbunds in Deutschland. Berlin, 20-34

Seelisches als Medium – Bilder, Kunst, Kultur. In: Heitzer, M. u.a. (Hg.): Suchbewegungen – Wertperspektiven – Formenbildungen. Festschrift für Werner Spies, Bochum, 39-49

»Denn wir leben wahrhaft in Figuren«. In: Pfleiderer Industrie (Hg.):Wirus-Werkstattgespräche 1992, Neumarkt

Das Design einer fließenden Wirklichkeit. In: Ebert, H. (Hg.): Diskurs Design. Implikationen und Erfahrungshorizonte objektvermittelter Wirklichkeit. Hameln

Seelen-Kubismus. In: Schulte, A./ Fitzek, H. (Hg.): Wirklichkeit als Ereignis. Bonn (Bouvier), 245-266

1994
Was wirkt?. Zwischenschritte, 13. Jg., 1, 42-57

Gestalt zwischen Kunst und Wirklichkeit. Gestalttheorie, Vol.15, 34, 246-256

›Wiedervereinigung – eine vertagte Verwandlung‹. In: Dann, O. (Hg.): Die deutsche Nation, Vierow (SH-Verlag), 135-151

1995
Friedrich Wilhelm Nietzsches Morphologie. Zwischenschritte, 14. Jg., H. 1, 5-21

Kulturgeschichte der Psycho-Therapie. Zwischenschritte, 14. Jg., H. 2, 8-29

Unfähigkeiten und Unvollkommenheiten. Zwischenschritte, 14.Jg., H. 2, 98-103

1996
Das Besondere des Tages. Zwischenschritte, 15. Jg., H. 1, 112-120

Alles ist Medium. In: Brentano, T. v. u. Salber, W. (Hg.): Tremezza von Brentano – Medienleben. Bielefeld (Kerber), 52-74

1997
Traum und Tag. Bonn (Bouvier)

Gefühls-Wirkungen. In: Bott-Projekte: Über das Gemeingefühl. Köln (Constantin Post), 7-24

Mich reizt deine schöne Gestalt. Zwischenschritte, 16.Jg., H. 1, 46-57

Woher und Wohin (mit D. Salber). Zwischenschritte, 16.Jg., H. 2, 4-19

Wissen, was wir tun. Zwischenschritte, 16.Jg., H. 2, 87-99

1998
Alltag – Behandlung: Kurz, intensiv & märchenhaft. Zwischenschritte, 17.Jg., H.2, 58-74

Kunst – Provokation Wolf Vostell. Zwischenschritte, 17.Jg., H.2, 82-87

Nietzsche und Freud. Besprechung des gleichnamigen Buches von Reinhard Gasser (Berlin 1997). Zwischenschritte, 17.Jg,, H.2, 119-122

Der Ansatz einer morphologischen Filmpsychologie. In: Ahren, Y. (Hg.) (1998): Warum sehen wir Filme? Aachen (Alano-Herodot), 7-16

Anna Freud (mit H. Fitzek). In: Lück, H., Miller, R. & Sewz-Vosshenrich, G. (Hg.): Klassiker der Psychologie. München (Kohlhammer)

1999
Sigmund und Anna Freud. Hamburg (Europäische Verlagsanstalt), 2.A., 2006

Die ausgekuppelte Kultur. Ein Interview mit Wilhelm Salber über Zustand und Entwicklungen der Kultur – von E. M. Thoms. Zwischenschritte, 18.Jg., H.1, 7-13

Anarchie und Diktat (mit D. Salber). Zwischenschritte, 18.Jg., H.1, 73-77

2001

The Everyday Cure. In: German Essays on Psychology, London/New York, 272-290

Willenspsychologie (mit H. Fitzek). In: Petzold, H. O. (Hg.): Wille und Wollen – Psychologische Konzepte und Modelle. Göttingen (Vandenhoeck & Ruprecht), 18-60

Sucht – Aus der Sicht der Psychologie. In: Sucht hat immer eine Geschichte. Dokumentation der Fachtagung des Gesundheitsministeriums NRW. Düsseldorf, 109-117

Traum-Psychologie, Zwischenschritte, 19. Jg., 70-84

Analytische Intensivbehandlung (IB) (mit N. Endres). Gestalttherapie, 15 Jg., H. 2, 59-81

2002

Psychästhetik. Bd. 17 der Kunstwissenschaftlichen Bibliothek, hg. v. C. Posthofen, Köln (König)

Mythen der Sucht. Wiener Zeitschrift für Suchtforschung, 25. Jg.,Nr. 1/2, 61-64

War Gott ein Schneider? Die Kleidung, die den Alltag trägt. Zwischenschritte, 20. Jg., 24-51

2003

75 Notizen zur Metapsychologie. Bonn (Bouvier)

Wie viel Verdrängung braucht die Psychologie? Zwischenschritte, 21.Jg., 198-205

2004

Der Mensch ist ein Kunstwerk (Beuys) – Aber nicht jeder Mensch ein Künstler (Vostell). gestalt theory, Vol. 24, No. 4, 252-265

Wege in fremde Wirklichkeiten (I). Zwischenschritte, 22. Jg., 22-31

Wege in fremde Wirklichkeiten (II).Zwischenschritte, 22. Jg., 150-161

2005

Metamorphose als psychologisches Konstrukt. Zwischenschritte, 23./24. Jg. (Doppelband 2005/06). Gießen, 265-273

2006

Goethe zum Film (mit M. Conrad). Bonn (Bouvier)

Was mir an Freud gefällt. In: Prokot, I. (Hg.): Freud an Freud, Gießen (MDR-Rundfunkserie »Psychologie geht anders«)

2007
Das verrückte Ganze. In: Salber, W.:Wirkungseinheiten, Bonn (Bouvier), 3. erweiterte Aufl., 245-264

Psychologische Psychästhetik. In: Allesch, Ch. (Hg.): Die Kultur und die Künste. Heidelberg

2008
Die eine und die andere Seite. Bonn (Bouvier)

Hamlets Brötchen. Köln (FAMI)

Wie geht es? Nichtigkeiten und Ganze. Bonn (Bouvier)

Verdrängte Phänomene – Verdrängte Metapsychologie. In: Jansen, J.-P. (Hg.): Wie ist Psychologie möglich? Freiburg/München (Albers)

2009
Kultur-Revolte 2009? Köln (Unverzagt)

2010
Warum anders? anders 1/2010, 5-9

Bild und Bildung – Studentenproteste – Wozu? anders 1/2010, 18-29

Prometheus – Wie Morphologie die Alltagswelt sieht. anders 1/2010, 42-50

Psychotherapie – Wie geht das? anders 2/2010, 29-35

Besuch bei Monet. anders 2/2010, 45-51

Morphologie – Was sagt das? anders 3/2010, 4-5

Babelturm und Blocksberg. anders 3/2010, 25-33

Prometheus ist Methode. anders 3/2010, 37-44

Däumlinge auf der Bildungshalde. anders 4/2010, 22-31

Überproduktion verkehrt herum. anders 4/2010, 41-48

Warum fehlen uns die Jungen? anders 4/2010, 58-59

2011
Was kann Morphologie – Qualitätskennzeichen Psychologischer Morphologie. anders 5/2011, 4-6

Gestaltverwandlung macht Inhalt. anders 5/2011, 21-27

Wie sag' ich's... - Überlebenskunst und Metapsychologie. anders 5/2011, 36-44

The King's Speech. anders 6/2011, 6-10

Erschütterung Kleist. anders 6/2011, 27-34

Wechselbalg 2011. anders 6/2011, 47-50

Platon bewegen – Seelisch bewegen. anders 6/2011, 60-62

Kultur auf Krankenschein? anders 7/2011, 4-5

Umsehen, Umstellen, Umgestalten. anders 7/2011, 22-29

Und wer hilft der Psychologie? anders 7/2011, 46-49 (als Hubert Wehrens)

Lesen – Wozu? anders 7/2011, 57-60

Steine reden – steinerne Gestalten. anders 8/2011, 14-22

In einem unbekannten Land. anders 8/2011, 23-32

Verwandlung ist ein Kompass. anders 8/2011, 40-42 (als Hubert Wehrens)

Loriot – Psychologe und Hofnarr. anders 8/2011, 43-45

Unwort des Jahres? Emotion. anders 8/2011, 49-51 (als Hubert Wehrens)

2012

Vorsitzen. anders 9/2012, 4-6

Steine reden – Romanische Kapitelle 1. anders 9/2012, 11-17

Die sogenannte Krise – Psychologisch gesehen. anders 9/2012, 34-42

Gestalt ist Übergang – Traumlogik des Alltags. anders 9/2012, 47-53

Steine reden – Romanische Kapitelle 2. anders 10/2012, 20-26

Wie flach darf Tiefenpsychologie sein? anders 10/2012, 33-40

Ein sogenannter Freud-Film. anders 10/2012, 41-43

150 Jahre Kölner Zoo. anders 10/2012, 44-45 (als Hubert Wehrens)

Ein riskanter Beruf. anders 10/2012, 50-55

Kultur mischt mit – auch bei Unternehmen. anders 11/2012, 21-28

Wie einfach geht Morphologie? anders 11/2012, 40-46

Fußball als Anstoß für Politik. anders 11/2012, 47-48

Verrückte Wirkwelten. anders 12/2012, 20-28

Metamorphosen sind wesentlich (Einfach zweifach in Spiralen). anders 12/2012, 43-51

2013

Das behinderte Kunstwerk – Seelengeschichte des Kruzifixus. anders 13/2013

Ganzheit und Gestalt als Tiefenpsychologie. anders 14/2013, 16-23

Was wir bei Freud nicht vergessen sollten. anders 14/2013, 40-45

Ein Wort zur Auskuppelkultur. anders 14/2013, 47-51

Hannah Arendt – verfilmt („Die Banalität des Bösen“). anders 14/2013, 59-61 (als Hubert Wehrens)

Macht und Ohnmacht – von Verwandlungen. anders 15/2013, 33-40

Was besagt Unbewusstes denn? Was dazwischen kommt. anders 15/2013,51-55

2014

Übermensch – Stress. anders 17/2014, 11-19

Die Weltgeschichte ist das Weltgericht. anders 17/2014, 27-34

Seelenarbeitslos – Jugendarbeitslos. anders 17/2014,47-57

Übermensch im Alltag. anders 18/2014,13-18

Psychologie auf halbem Wege. anders 18/2014, 36-45

Wirkungseinheit als Roman. anders 18/2014, 46-57

Nur psychologisch!?. anders 19/2014, 7-14 (als Hubert Wehrens)

Morphologische Bildanalyse. anders 19/2014, 15-24

Ästhetische Erziehung – Kampf den Spekulationsblasen. anders 19/2015, 25-34

Gespräche über Morphologie, anders 19/2014. 49-58

Meta – Mitgedacht und Mitbewegt, anders 20/2014. 22-29
Paradoxe Metapsychologie – Das Dazwischen in der Vielfalt. anders 20/2014, 45-53

2015
Radikale Ganzheitspsychologie. Medium Wirkungs-Einheit. Berlin (HPB University Press)

Seele macht Filme – Filme machen Seele (mit Claudia Pütz und Marc Conrad). Berlin (HPB University Press)

Radikale Meta – Seelisches als Bildstruktur. anders 21/2015, 22-30

Radikale Ganzheitspsychologie. anders 22/2015, 10-19

Gestalten zum Ausdruck. anders 22/2015, 20-26

Gesundheit, ein Automat? anders 22/22015, 39-47

„... Und was ist Nichts?“ Das Meerhäschen. anders 22/2015, 48-53

Vorankündigung: Im Gespräch bleiben I. anders 23/2015, 4-11

S. Freud und die Ganzheitspsychologie. anders 23/2015, 19-29

Seelenzeiten gegen Knopfdruckzeit. anders 23/2015, 30-35

Im Gespräch bleiben II. anders 23/2015, 36-43

Auf der Flucht – Das fremde im Eigenen. anders 23/2015, 50-56

Ein Psychologenlexikon 1933-1945. anders 23/2015, 61-62 (Buchbesprechung)

Ausgangslage – Metapsychologie. anders 24/2015, 5-21

Kultur als Co-Therapeut und Patient. anders 24/2015, 29-39

2016
Kulturen im Gespräch – Vorbeigeredet?!. anders 25/2016, 22-31

Kunstpsychologie – Ausstellungskomplexe. anders 25/2016, 39-47

Wer hat Angst von Sigmund Freud?. anders 25/2016, 5659

Umgang mit Gestalten. anders 26/2016, 5-66

Wilhelm Busch – Seelisches in Spiralen. anders 27/2016, 29-41

Die Heinzelmännchen – und wir? anders 27/2016, 42-49

Karl May und seine Völkerwanderungen. anders 27/2016, 50-60

Lachgeschichte. Lachen und Seele. anders 28/2016 (Sonderheft), 79 S.

Garten des Menschlichen. In: D. Salber, Wider den Moneytheismus. Bonn (Bouvier), 140-142

2017

Globales Integrationsdesaster. anders 29/2017, 6-11

Wie geht Beschreibung vor sich? anders 29/2017, 54-59

Seelenlandschaften mit Gestaltprinzip – Vortrag vor Studierenden der BSP Berlin am 30.10.2016 in Köln. anders 30/2017, 22-40

Hieronymus Bosch: Sein Garten organisiert menschliche Ausdrucksbildung. anders 31/2017, 23-26

Organisation mit Metapsychologie. anders 31/2017, 20-22

Was ist Gestalthaftes dabei? anders 31/2017, 27-30

Medien und Kultur – die Entwicklungsgeschichte der Medien(Seele) als Grundlage der Medienpsychologie (mit D. Salber). anders 31/2017, 31-34

Das Schriftenverzeichnis wurde angefertigt von N. Endres und D. Blothner.

Seiten 271 – 281:
Das Verzeichnis der Diplomarbeiten fertigten Anna Marukevich und Maria Ugarova an. Es erhebt keinen Anspruch auf Vollständigkeit.

Von Wilhelm Salber betreute Diplomarbeiten

Abel	Arno	1989	Psychologische Untersuchung zum Schuheinkauf
Abel	Martina	1986	Psychologische Untersuchung zu Formen des Aus-dem-Fenster-Schauens
Adam-Bendler	Brigitte	1977	Untersuchungen über die Entwicklung eines Selbstbildes als Fotomodell
Algeier	Roswitha	1968	Untersuchung der Sinnstruktur eines medizinischen Films
Amels	Dorothea	1971	Vergleichende Untersuchung sog. Aufklärungsfilme
Andorf	Siegfried	1993	Untersuchung über die psychologischen Grundlagen des Autogenen Trainings
Aretz	Elisabeth	1977	Psychologische Untersuchungen über die Entwicklung von Formen des Musizierens in einem studentischen Laienorchester
Arnold	Franz	1982	Psychologische Untersuchung zur computerunterstützten Büroarbeit
Artelt	Rainer	1968	Theorien über die Behebung von Erziehungsschwierigkeiten an Hand von Zeitschriftenartikeln
Baßler Dr.	Wolfgang	1988	Psychiatrie des Elends oder "Das Elend der Psychiatrie"
Baur	Traudel	1985	Psychologische Entwicklungsprofile einer filmischen Bilderwelt ("E.T. - Der Außerirdische")
Bauspiess	Inge-Marlen	1968	Untersuchungen über Betrachtungsweisen von Photos
Bächler	Hildegard	1966	Untersuchungen über das Verhältnis von Kindern zum Museum
Bäumchen	Franz	1972	Morphologische Untersuchungen zur Biographie E. A. POEs
Beckamp	Monika	ca. 1969	Untersuchungen zur Motivation des Studierens
Becker	Karl Heinz	1972	Entwicklungspsychologie des Musikverständnisses
von Beczàssy	Ute	1977	Untersuchungen über Erleben und Erlebensverarbeitung bei dem Film "Montana Sacra"
Behmer	Judith	1992	Psychologische Untersuchung über die Fernsehserie Alf
Behr	Christa	1985	Untersuchung über seelische "Fransen" beim Schachspielen
Berberich	Arno	1974	Psychologische Untersuchungen über den Unterricht fördernde oder hemmende Einstellungen
Berger	Dominik	1993	Psychologische Untersuchung über die Wirkung von Horoskopen
Berger	Hermann-Josef	1967	Untersuchungen über Motive des Pfeiferauchens
Berghaus	Helmut	1996	Psychologische Untersuchungen zum Erlebensprozess von MAHLERs Symphonie Nr. 2
Berk	Hermann-Josef	1964	Steigerung und Minderung des Interesses bei der Lektüre
Berz	Helge	1971	Untersuchungen zu Formen erotischer Annäherung
Best	Manfred	1989	Psychologische Untersuchung zum Selbst-Bildnis des Alleinerziehenden

Bingen	Monika	1978	Untersuchungen über den Umgang mit "Rollen" bei Schauspielern
Bliersbach	Gerhard	1967	Untersuchungen über Ausprägungsformen des Erlebens zweier NS-Filme
Boldt	Sibille	1982	Untersuchungen über Wirkungsformen eines Ausstellungsbesuchs
Borucki	Rainer	1977	Psychologische Untersuchung über Heimwerken
Bothe	Helga	1988	Psychologische Untersuchungen über den Umgang mit Wein
Bödefeld	Gerhard	1959	Leseinteressen der Kinder einer Landschule
Böwering	Annette	1988	Psychologische Untersuchung der Beziehung zum eigenen Spiegelbild
Brand	Susanne	1990	Psychologische Untersuchung zu Stadtzeitungen
Brauner	Wolfgang	1959	Das Erfassen der Illusion im Film. Eine Untersuchung an Schulkindern
Brenner	Helmut	1970	Untersuchung des Erlebensverlaufs bei dem Film "Scorpio Rising"
Brenner	Sigurd	1973	Typische Bewältigungsformen einer psychologischen Übung
Bresges	Lothar	1969	Untersuchung zur Psychologie des Sports
Breuer	Karl-Josef	1969	Untersuchungen zur Entwicklung des Barttragens
Bubeck	Thomas	1968	Vergleichende Untersuchungen von Lektüre und Filmerleben
Buchenau	Eva	1993	Psychologische Untersuchung zum Kölner Karneval
Bunschek	Thomas	1992	Psychologische Untersuchung über das Deutschland-Bild bei Spätaussiedlern
Burgheim	Joachim	1980	Besonderheiten des Lotto-Spiels
Busch	Claudia	1980	Untersuchungen zur Einschätzung des Behandlungsverlaufs bei einer Gruppentherapie
Busch	Julius	1993	Psychologische Untersuchung des Umgangs mit persönlichen Stasi-Akten
Busch	Petra	1987	Untersuchungen über Motive der Lektüre der Zeitschrift "Cosmopolitan"
Bülow	Peter	ca. 1968	Untersuchung über das Erleben von Berührungen
Clemen	Bettina	1989	Psychologische Untersuchungen zum Rußlandbild in der Bundesrepublik Deutschland
Contzen	Barbara	1987	Psychologische Untersuchungen über die Störbarkeit des Flirtspiels
Dahm	Axel	1986	Psychologische Untersuchungen zu einer Eßkultur (Mc Donald)
Dammer	Ingo	1986	Psychologische Untersuchung einer Lektüre ("Die Nebel von Avalon") (M.Zimmer Bradley)
Danner	Manfred	k.A.	Gibt es einen freien Willen?
Debus	Ralf	1981	Aktualgenetische Untersuchungen zu Werken von Pieter Bruegel d.Ä. und William Turner"

Domke	Wolfram	1984	Psychologische Untersuchungen über die Entwicklung von Kaufmotivationen
Dossche	Guido	1991	Psychologische Untersuchungen zur Komplexentwicklung des Films "Die Reisen des Mr. Leary"
Dümmler	Achim	1982	Untersuchungen über Stadtviertel als spezifische Wohnverfassung
Elskamp	Wifried	1991	Psychologische Untersuchung über Formen des Umgangs mit Kreditkarten
Findeis	Cordula	1961	Vergleichende Untersuchungen zur Beeinflussung kindlichen Erlebens
Fitzek	Herbert	1985	Untersuchungen über das Verständnis von Seelischem in theologischen Veröffentlichungen um 1750
Franken	Peter	1994	Psychologische Untersuchung einer Werbekampagne von Benetton
Friedemann	Wulf A.	1972	Kennzeichnungen des Musikerlebens in vorwissenschaftlichen Beschreibungen
Frier	Ina	k.A.	Untersuchungen über Verarbeitungsweisen seelischer Probleme im Märchenerleben 4-6 Jähriger, Materialband
Fritz	Petra	1989	Psychologische Untersuchungen über die Bedeutung der MCD-Diagnose für die Eltern
Frost	Wolfgang	1988	Psychologische Untersuchungen über Fastenkuren und ihre Hintergründe
Fuhrbach	Annegret	1959	Empirische Untersuchungen über Beobachtungsgesichtspunkte
Grüne	Heinz	1992	Psychologische Untersuchungen über Erlebensqualitäten beim Eincremen
Grünewald	Stephan	1987	Untersuchungen über Gelingen und Scheitern der Lektüre von Tageszeitungen
Guth	Lothar	k.A.	Untersuchungen über Formen der Bewältigung von Schulproblemen
Haferkamp	Annegret	1967	Das Verhältnis zehnjähriger Kinder zum Kitsch
Halbach	Rainer	1993	Psychologische Untersuchungen zur Sportschau
Hamburger	Regina	1987	Untersuchunen über Formen der Verlagerung seelischer Probleme am Beispiel Bodybuilding
Hanke	Angela	1993	Psychologische Untersuchungen über Kunsterfahrungen auf der DOCUMENTA IX
Häcker	Norbert	1987	Psychologische Analyse des Lampenfiebers bei Rockmusikern
Hänsdieke	Klemens	1985	Psychologische Untersuchung zum Abtreibungsproblem bei Männern (Männer im Schwangerschaftskonflikt?)
Hardt	Eva Sabine	1972	Untersuchungen über Verarbeitungsformen des Menstruations-Erlebens
Hardt	Jürgen	1967	Untersuchungen über Erlebnisqualitäten des Gesellschaftstanzes
Hartmann	Claus	1968	Untersuchungen über Beziehungen zu Friedhöfen
Hartwig	Bernd	1967	Untersuchungen über Formen der Lektüre von Gedichten
Hasenkamp	Beate	1971	Untersuchungen über Verarbeitungsprozesse eines Bildes von Lindner

Hass	Peter	1974	Untersuchungen über Regulationsprinzipien des Zusammenlebens in einer Klasse
Heck (Domke)	Gloria	1978	Untersuchungen über psychische Probleme beim Fotografieren und ihre Lösungsformen
Heikaus	Roswitha	1978	Untersuchungen über Wohn-Geschichten und ihre psychologischen Hintergründe
Heinemann	Sabine	1993	Psychologische Untersuchungen über Argumentations- und Verhaltensprobleme der Mormonen
Heinrich	Christoph	1975	Untersuchungen über Widerstandsformen beim Sensitivity-Training
Heinrich	Hanns Christian	1967	Untersuchungen über die Grundlagen der Gestaltung von Geruchserlebnissen in der Werbung
Heinz	Gerhard	1974	Untersuchungen über Wandlungsproblemen eines Verhaltensmusters
Heinzelmann	André	1983	Untersuchungen zur Psychologie des Schenkens und Beschenktwerdens
Heinzelmann	Helga	1989	Psychologische Untersuchung zu Sitzmöbeln
Heischkamp	Erich	1973	Untersuchungen über psychische Valenzen des Geldes
Heisterkamp	Günter	1966	Untersuchungen über Unterrichtsprinzipien im Rechenunterricht
Helten	Marita	1990	Untersuchungen über die seelische Bedeutung von Unfällen
Henneberg	Raimund	1971	Untersuchungen über die Gestaltung einer Übung
Henneberg	Ursula	1971	Untersuchungen über psychologische Verstehensprozesse bei Erstsemestern
Hennes	Winfried	1994	Psychologische Untersuchungen über den Umgang von Ärzten mit psychisch auffälligen Patienten
Hennig	Norbert	k.A.	Untersuchungen über Grundlagen eines Verstehens der Gestalttheorie
Herkenrath	Karin	1985	Psychologische Untersuchungen zum Umgang mit Märchen anhand des Grimmschen Märchens "Katz und Maus in Gesellschaft"
Hermans	Regina	1991	Psychologische Untersuchung über das Bild der Bundesrepublik von DDR-Übersiedlern
Heuvelmann	Maria	1993	Psychologische Untersuchung zum Tarotlegen
Hoffmann	Karin	1989	Psychologische Untersuchung über den Umgang mit Störung auf dem Hintergrund seelischer Selbsbehandlung
Hoffmeister	Gerd	1974	Untersuchungen über Zusammenhänge von schulischem und außerschulischem Bereich
Hoffmüller	Jürgen	1968	Untersuchungen über Einübungsprozesse beim Ausdrucksverstehen
Hofmann	Walter	1967	Psychische Tendenzen bei Wahlentscheidungen
Horak	Rolf	1988	Psychologische Untersuchung über das Bild der Alten Menschen im Blick ihrer Pfleger
Horn	Alfred	1971	Psychologische Untersuchung über Schwierigkeiten des Mathematikstudiums
Hoyer	Heike	1993	Psychologische Untersuchungen über das zweite Jahr der Wiedervereinigung in Ostdeutschland
Hoyme-Kuruszky	Maria	1974	Untersuchungen zur Entwicklung der Psychologie in Rumänien

Hönig	Ingrid	1986	Untersuchung zum Bild des Rorschach-Tests in der psychologischen Begutachtungspraxis
Huber	Franziska	1993	Psychologische Untersuchungen zum Bild des Ausländers in Westdeutschland
Hubert	Margret	1968	Untersuchungen über Wirkungseinheiten bei der Lektüre
Hübner	Werner	1983	Untersuchungen über Selbstbehandlungszüge im Engagement für den Frieden
Hummel	Karin	1976	Untersuchungen über Konflikte und Bewältigungsmöglichkeiten bei Kindergärtnerinnen
Hürten-Ungar	Barbara	1985	Untersuchungen über die Selbstdarstellung von Seelischem - anhand von "Flohmärkten"
Ikonomopulos	Joannis	1970	Psychologische Untersuchung über Erfolg und Mißerfolg bei der Chemiefacharbeiterausbildung
Imdahl	Ines	1994	Psychologische Untersuchungen des Prozesses einer Manager-Schulung
Irmen	Wilhelm	1959	Intelligenz, Zeichnung und draw-a-man-Test
Jämmrich	Peter	1995	Psychologische Untersuchung zum Umgang mit Kino im Alltag
Januschke	Eva	1971	Vergleichende Untersuchungen über Beziehungen zwischen Psychologie und Kunstwissenschaft
Januszewski	Bodo	1968	Psychologische Untersuchungen zum Gruselfilm
Jarding	Karl-Heinz	1969	Untersuchungen über das Erleben von Kampfdarstellungen
Jensch	Markus	1966	Typische Einstellungen zur Musik
Jung	Christiane	1991	Fernsehwirkungsforschung in der BRD, dargestellt am Beispiel des Fernsehfilms "Holocaust"
Kadereit	Jutta	ca. 1969	Untersuchungen über Motivationen des Musikstudiums
Kaiser	Claudia	1972	Formen des Loslösens - untersucht in einem Studentenheim
Kajan	Josef	1989	Psychologische Untersuchung zur Bedeutung des Intimpartners beim Geschlechtsverkehr
Kappes	Wilfried	1971	Untersuchungen über Entwicklungsrichtungen des Rauchens
Karl	Gerhard	1983	Psychologische Untersuchungen der Anzeigen-Werbung für Parfüm
Karopka	Hans-Joachim	1992	Psychologische Untersuchungen der Erlebensform von Freizeitparks
Karrasch	Wilma	ca. 1980	Reitsport als Behandlungsform
Kebbekus	Jeanette	1987	Untersuchung über Wirkungseinheiten von Patienten und Pflegepersonal und das Bild von schizophreren Patienten
Keller	Eberhard	1974	Typische Einstellungen von Eltern gegenüber Schule
Keßeler	Rita	k.A.	Untersuchungen über die Stellung des Kindes in Familien der Gegenwart
Kevesligeti	Christa	1993	Psychologische Untersuchungen über den Umgang mit Anrufbeantwortern
Kindiger		1960	Möglichkeiten zur Beeinflussung kindlichen Erlebens
Kiphard	Gunter	1988	Psychologische Untersuchungen über "Faßbares und Unfaßbares der CD-Technik"

Klar	Franz Josef	1976	Untersuchungen üvber die Wirksamkeit einer Selbsterfahrungsgruppe
Klebert	Jutta	1993	Psychologische Untersuchung zur Erzählstruktur von DDR-Vergangenheit
Klose	Klaus	1982	Untersuchungen über typische Formen des Einrichtens von Wohnräumen
Klose	Klaus	1990	Medienpsychologische Untersuchung zu Wirkungen und Bewältigungsformen eine dramatischen Werkes
Klösgen	Alfred	1992	Psychologische Untersuchungen über das Comiclesen bei Erwachsenen
Kluger	Ursula Marianne	1959	Das Behalten angenehmer und unangenehmer Erlebnisse
Klutsch	Jakob	1973	Untersuchungen über die spezifische Gestalt des Gruppenprozesses
Klütsch	Regina	1993	Psychologische Untersuchungen zur Urlaubsgestaltung
Kolb	Hans-Dieter	1988	Untersuchungen zur psychologischen Konstruktion der Romanserie "John Sinclair"
Kögeler	Ulrich	1994	Psychologische Untersuchungen über Verarbeitungsformen des ÖTV-Streiks
Köller	Otmar	1975	Untersuchungen über Ansatzformen von Umerzählen
Königs	Susanne	1990	Psychologische Untersuchung über den Umgang mit dem Aktzeichnen
Kraan	Jacobus	1983	Entwicklungsprinzipien in der Arbeit von Gymnasiallehrern
Kremer	Regina	1969	Das Bild der Frau in den Frauenzeitschriften 1968
Kreuels	Annegret	1977	Untersuchungen über Tendenzen bei der Leitung von Jugendgruppen
Krichel-Schulte	Signe	1993	Vergleichende Untersuchung zu Lektüre und Filmerleben von G. Simenons "Die Verlobung des Monsieur Hire"
Krips	Hans	1966	Gegenstandsbildung bei Jakob Uexküll
Kristen	Wolfgang	1971	Untersuchungen über Erlebensqualitäten von Anzeigen Ch. Wilps
Krohn	Brigitte	1977	Untersuchungen über Probleme der Frauenemanzipation
Krusche	Hellfried	1980	Untersuchungen über Immanente Strukturen der Erzählungen von Rauchern
Kruse	Robert	1993	Psychologische Untersuchungen zum Tanztheater
Krüger	Michael	1972	Untersuchungen über das Herausbilden von Kriterien für Kunsterleben
Kuhlmann	Klaus	1969	Untersuchungen über Bilderleben und Bildgerüst
Kubel	Rolf	1976	Untersuchungen über Probleme und Lösungsformen des Argumentierens
Kuchinsky	Uri	1982	Untersuchungen zur Psychologie von Beerdigungen
Kuhr	Isabelle	1968	Untersuchungen zum Erleben sogenannter literarischer Filme
Kürti	Karl	1972	Untersuchungen über Formen der Bewältigung von Studienzielen - anhand einer Übung
Küster-Lammers	Stefan	1988	Psychologische Untersuchung zum Bundestagswahlkampf 1987

Lauermann	Isolde	1968	Psychologische Untersuchungen über die Funktion des Buchbesitzes
Leiacker	Peter	1972	Untersuchungen zum Erleben von Pop-Art
Leikert	Sebastian	1990	Untersuchungen zur Ablaufsregel kurzer, absprachefreier Duoimprovisationen
Lensing	Christel	ca. 1970	Untersuchungen über Erinnerungen an Schulstunden
Leuchter	Josefine	1960	Untersuchungen über das "innere" Gefüge seelischer Abläufe
Ley	Michael	1988	Untersuchung über Zwänge beim Sonnenbaden
Leyendecker	Christoph	1966	Ausprägungsrichtungen des Erlebens von Kabarettveranstaltungen
Lienemann	Brunnhild	1986	Psychologische Untersuchungen zum Abtreibungsproblem bei Frauen
Lieverscheidt	Hubert	1974	Untersuchung über Beziehungen zwischen lehrern und ihrer Schule
Limburg	Hans Peter	1986	Untersuchung über Gestalt Tungsformen von Sexualität anhand des Umgangs mit Pornographie
Lorenz	Horst	1969	Untersuchungen zur Erlebnisstruktur des Zigarettenrauchens
Lönneker	Jens	1989	Psychologische Untersuchung über Perfektionszwäge im Umgang mit Computern
Ludwig	Monika	1983	Untersuchungen über das Thema "Wie gehen Eltern mit dem Problem der Schule um?"
Lück	Charlotte	1977	Untersuchungen über Begrenzungen und Chancen des Kollegbesuchs bei Frauen
Lüddecke	Doris	ca. 1970	Untersuchung zur Erlebensgestalt Urlaub und Ihrer Probleme
Mager	Birgit	1986	Untersuchungen über ein Spiel mit Anspielungen (Doppelkopf)
Mahlke	Günter	1983	Untersuchungen über struktuierende Tendenzen einer TV-Serie ("Dallas")
Mansfeldt	Gabriele	1984	Untersuchungen über die Entwicklung von Handlungseinheiten bei einem Kleinkind
Marszalek	Adalbert	1967	Psychologische Analyse von Leserbriefen
Marzall	Martin	1983	Untersuchungen über Probleme bei der Vermittlung von Pflegekindern
Mathia	Robert	1987	Untersuchungen zum Krankenhausaufenthalt von Erwachsenen
Di Matteo	Graziella	1987	Untersuchungen über seelische Konflikte bei einem Kulturwechsel
Menacher	Bernadette	1990	Psychologische Untersuchung des Kinderwunsches bei Frauen
Mentgen	Brigitte	1988	Untersuchungen über seelische Prozesse beim Tennisspielen
Meuter	Franz	k. A.	Untersuchungen zum Problem der Lebenslaufdarstellung
Meyer	Irene	1969	Formen der Auseinandersetzumg im Rahmen des studentischen Protestes
Michels	Ralf	1993	Psychologische Untersuchung zum Sparen
Mix	Heidrun	1966	Bewusste Ideale und Gegenideale bei Studenten

Mohos	Silke	1985	Untersuchung über Ansprüche und Realisierungen bei der Entwicklung von Laienbalett
Molter	Hansjakob	ca. 1980	Untersuchungen über Motivationen des Eintritts in einen Orden
Mones	Gabi	1993	Psychologische Untersuchung des Films "Lawrence von Arabien"
Möhlig	Adelheid J.	1967	Motivationen des Studienwchsels
Müller	Renate	1977	Untersuchungen zur Biographie Karl Junkers (1850-1912)
Müller	Sabine	1993	Psychologische Untersuchungen zum Prozess des Gbärens im Krankenhaus
Müller-Neuhaus	Heide	1967	Psychologische Untersuchungen zum Beat-Tanz
Nagel	Sylvia-Agnes	1993	Psychologische Untersuchungen zur Lebenshilfe-Literatur
Neubecker	Gunhild	1960	Untersuchungen zur Psychologie des Lesens
Neuen	Gottfried	1959	Warum treten Jugendliche in eine Jugendgruppe ein?
Neumann	Horst	1970	Psychologische Untersuchung zum Margarineproblem
Novy	Mark	1987	Untersuchungen über Formen der Bewältigung des Problems der Radioaktivität
Offermann	Helmut J.	1969	Untersuchungen über Veränderungen von Formen des Studierens
Orlovius	Anita	1984	Psychologische Untersuchungen über Probleme und Formen von Fernreisen
zur Oeveste	Hans	1970	Untersuchungen über die Erklärungsfunktion "außerbewusster" Mechanismen
Pahl	Jürgen	1967	Phantasieerlebnisse beim Musikhören
Panzer	Brigitte	1975	Untersuchungen über die Funktion von "Erziehungswissenschaft" beim Unterrichten
Pausch	Barbara	1972	Psychologische Untersuchungen über Veränderungsabsichten un ihre Auswirkung
Pesch	Manfred	1993	Umgang mit Psycho-Tests in Zeitschriften. Untersuchungen zum Wirkungsgefüge von Anproben.
Peters	Heinz Jürgen	1994	Psychologische Untersuchungen zu "Explosiv" / "Der heiße Stuhl"
Peters	Jutta	1983	Psychologische Untersuchung des Films "Der letzte Tango in Paris"
Peters-Moallem Abiyaneh	Susanne	1994	Psychologische Untersuchungen zum Umgang mit romanhafter Literatur als "Lebenshilfe"
Petraitis	Brigitte	1990	Psychologische Untersuchung über Bewegungen und Gegenbewegungen beim Körperreinigen
Pfafferott	Ingo	1966	Untersuchungen zur Veränderung der Struktur des Filmerlebens
Pfafferodt	Maria-Theresia	1977	Untersuchungen über die Psychologie der Formen des Schminkens
Piekenbrock	Martina	1986	Untersuchung seelischer Verarbeitungsprobleme beim Sehen der "Tagesschau"
Pieler	Franz	1972	Untersuchung über Formen der Einregulierung im Gruppenprozess einer Selbsterfahrungsgruppe
Pingel	Gisela	1971	Untersuchungen über das Erleben der Anderen beim Autofahren

Plath	Brigitte	1967	Untersuchungen über Erlebensweisen des Studierens bei weiblichen Psychologiestudenten
Plumanns	Anneliese	1976	Zeichnerische Entwicklung als Brechungsprozess
Pohlmann	Werner	1973	Untersuchungen über die Funktion von "Erziehungswissenschaft" beim Unterrichten
Potchul	Rainer	1966	Ausprägungen typischer Verhaltenstechniken
Pütz	Bernd	1994	Psychologische Untersuchung zur Glaubwürdigkeit anhand eines Museums für Fälschungen
Quabach	Erika	1981	Untersuchung über Kleidung im Zusammenhang mit Lebensentwürfen
Rath	Paul-Gerhard	1978	Untersuchungen zum Flugblattlesen von Studierenden
Remmler	Renate	1989	Untersuchung zur Psychologie des Kochens
Ritterbach	Claudia	1993	Psychologische Untersuchungen zum Psychologen-Bild aus ärztlicher Sicht
Roßbach	Helmut	1983	Psychologische Untersuchungen des Umgangs mit Möbeln
Rowald	Anna	1989	Psychologische Untersuchungen über die Wirkung der Öffentlichkeitsarbeit zum Thema AIDS
Runde	Petra	1986	Psychologische Untersuchungen zur Wirkung expressionistischer Zeichnungen (George Grosz)
Sandfort	Lothar	1983	Seelische Verarbeitungsprobleme bei plötzlich einsetzenden erheblichen körperlichen Behinderungen
Schaaf	Doris	1959	Über das Behalten von erledigten und unerledigten Aufgaben
Schaefers	Thomas	1986	Untersuchung der Einschätzung einer Fotoserie zur Geschichte einer Stadt (Am Beispiel der Stadt Frankfurt)
Schiemann	Gerd	1980	Psychologische Untersuchung zum Sammeln von Schallplatten
Schmidt-Clausbruch	Ursula	1969	Untersuchungen über Nachwirkungen von Gruppenprozessen
Schmidtke	Siegfried	1977	Untersuchung zur Psychologie des Tagebuchs
Schmitz	Bettina	1993	Psychologische Untersuchungen zur "Tätigkeit von Handwerkern"
Schmitz	Hans	1975	Störungen und Kompromisse beim Aufbau einer Kindertagesstätte
Schmitz	Hans-Joachim	1974	Untersuchungen zum Mathematikunterricht an einem Gymnasium
Schmitz	Ingrid	1978	Untersuchungen über die Verarbeitung von Schulproblemen bei sogenannten "schlechten Schülern"
Schomaker	Wilhelm	1991	Psychologische Untersuchung zur Behandlung in einer Tagesklinik
Schonauer	Friedhelm	1977	Psychologische Untersuchung von Charakterdarstellungen und Verlaufsgestalten in den Akten eines Jugendamtes
Schramm	Johannes	1974	Phänomenologie von Arbeitsstörungen bei neurotisch dissozialen Jugendlichen
Schreiber	Gabriele	1970	Bedeutungsrichtungen und Formen des Studierens im Bereich der Kunstgeschichte
Schroeder	Ulrich	ca. 1968	Psychologische Untersuchungen zur "Elementaren Musik" nach Carl Orff

Schumacher	Hans	1985	Experimentelle Untersuchung zur Auffassung Turner's "Ehrenbreitstein"
Schüchter	Wolfgang	1993	Psychologische Untersuchung über Wirkungsqualitäten von Coca Cola
Schwebe	Hans-Wilhelm	1967	Untersuchungen zum Verstehen eines wissenschaftlichen Films
Schwebke	Axel	1967	Untersuchungen zur Lektüre als Unterstützung von Formtendenzen
Schwientek	Peter	1972	Psychologische Untersuchungen über "Verfahren" beim Umgang mit Bildern von M.C. Escher
Stadtke	Gisela	1959	Untersuchungen der Beziehungen zwischen Schulreife und Umwelt
Stauvermann	Ingeborg	1959	Spiel und Spielzeug von Grundschulkindern
Steppat	Ulrike	1991	Psychologische Untersuchung über die Materialqualität von Beton
Stark	Georg	1982	Untersuchung zur Psychologie eines Stadtviertels
Stralka	Regina	1982	Untersuchung über die Dynamik von Langeweile
Stubenrauch	Rudolf	1971	Psychologische Untersuchungen zum Englischunterricht an Realschulen
Stuhlert	Susanne	1970	Untersuchungen über das Erleben einer Quizsendung
Swiatek	Christiane	1993	Psychologische Untersuchung über das Europa-Bild in Deutschland
Teubert	Margit	1992	Psychologische Untersuchung zum "Bild der Wirtschaft in der DDR"
Teuwsen	Eugen	1967	Strukturierende Prinzipien beim Erleben von James Bond - Filmen
Thevissen	Karlheinz W.	1982	Untersuchungen über Selbstbehandlungsnasätze beim Fußballspielen
Tittel	Peter	1972	Untersuchung zum Problem "Aggression" anhand eines Films
Toenneßen	Renate	1978	Untersuchungen über die Verlaufsgesalt einer Gesprächstherapie
Tomala	Erik W.	1975	Untersuchungen über Konstruktionsprobleme von Pop-Art
Tyradellis	Gusti	1973	Untersuchungen über aktuelle seelische Verläufe beim Baden
Uedemann	Gisela	1959	Das Filmerleben von Schulkinder und seine Veränderung bei sprachlicher Wiedergabe
Uhrich	Dorit	1968	Motivationen des Studierens an der Kunstakademie
Ungar	Johann	1972	Untersuchungen zu einr Übung über Charakterkunde
Viebahn	Fred	1969	Untersuchung über Biografie und Werk eines deutsches Schriftstellers
Vogel	Günter	1972	Untersuchungen über Einübungsformen beim Verwenden des Rorschach-Tests
Vormschlag	Elisabeth	1977	Untersuchungen zum Leteratur-Unterricht in Unterprima (Leistungskurs)
Wagner	Hildegard	1959	Ganzheitliches und einzelheitlichen Lernen im ersten Schuljahr
Wagner	Werner	1971	Vergleich von Einzelfilmerleben und Filmreihenerleben

Wangemann	Linde	1966	Die Lage der Studierenden in den ersten Semestern und die Formen ihrer Verarbeitung
Watrin	Renata	1968	Psychische Verläufe bei Zuschauern von Sportveranstaltungen
Weber	Hubert	1973	Psychologische Untersuchungen zur konkreten Poesie
Weber	Maria-Theresa	1967	Untersuchungen zur Psychologie der Mini-Kleidung
Welzel	Uve	1968	Untersuchungen über Formen von Auseinandersetzungen
Wendland	Karl	1967	Erlebnisformen eines Happenings
Wensky	Wolf-Dieter	1972	Untersuchungen über Wandlungen der Einstellung zu Wagner
Werner	Michael	1971	Untersuchungen über Einschlaf- und Aufwachphänomen
Weskamp	Wiltrud	1970	Untersuchungen über das Bild der Schule bei Oberprimanerinnen
Wessel	Detlef	1976	Untersuchungen über Beziehungen zwischen Strukturierungsproblemen von Persönlichkeit und Beruf
Westphal	Erich	1967	Untersuchung zur Psychologie der Unterrichtsgestaltung
Weyhing	Hans	1970	Verarbeitungskennzeichen des Erlebens von Muehl-Filmen
Wied	Gisela	k. A.	Wie sieht sich der Werbefachmann selbst
Wilbertz	Franz-Wilhelm	1970	Ein Vergleich zwischen Nachwirkungen von Film und Unterricht
Wilczura	Rosemarie	1959	Wandlungen in der Bewertung von Kassenkameraden
Wilhelmi	Ingeborg	1966	Psychologische Untersuchungen zur Sprachlehre
Wilkat	Annette	1983	Psychologische Untersuchungen über Leit-Bilder ärztlichen Vorgehens
Willkomm	Liebgund	1969	Untersuchungen zu Psychologie "Experimenteller Filme"
Wittkampf	Almut	1967	Untersuchungen über das Verhältnis zum Volkslied
Wolf	Ellen Helene	1989	Psychologische Untersuchungen über das Bild des Seelischen im Umgang mit Politik
Wolf	Georg	1975	Strukturierungsformen des Beteiligt-Seins an Fußballspielen
von Wolmar	Rüdiger	ca. 1980	Untersuchungen über Motivationen und Formen des Zoobesuchs
Wunderlich	Katharina	1972	Untersuchungen über Teilhabe und Störbarkeit
Wuttke	Angelika	1982	Untersuchung über Probleme von Brieffreundschaften
Wübbold	Marion	1986	Psychologische Untersuchung über den Umgang mit ungewöhnlichen Raumqualitäten (Rundhaus von E. Zander)
Zenner	Christiane	1991	Psychologische Untersuchung zur Wiedervereinigung (BRD - DDR)
Zens	Hubert H.	1967	Untersuchungen über das Erleben surrealistischer Bilder
Zens	Jens-Peter	1974	Untersuchungen über Formen dstudentischen Wohnens
Ziems	Dirk	1993	Psychologische Untersuchung zum Autostau
Zoche	Elisabeth	1969	Die Kritik Maurice Merleau-Ponties an Pawlows Theorie
Zuleger	Willibald Hans	1968	Untersuchungen zur Morphologie des Erlebens eines Django-Films

Autorenverzeichnis

Prof. Dr. Yizhak Ahren, geb. 1946 in Jerusalem, Psychologe, lebt in Köln und Jerusalem, Israel.

Juliana Alon-Krymalowski, Jahrgang 1950. Psychologische Psychotherapeutin, Morphologische Praxis, Köln.

Prof. Dr. Dirk Blothner, geb. 1949 in Flensburg, apl. Professor für Psychologie und Psychoanalytiker, lebt in Köln.

Marc Conrad, geb. 1960 in Luxemburg, Film- und TV Produzent, lebt in Köln.

Dr. Ingo Dammer, geb. 1956, in Berlin und Köln studiert und als Berater und Dozent gearbeitet; lebt lieber ländlich.

Dr. Wolfram Domke, geb. 1953 in Montevideo/Uruguay, Leiter der rheingold-Akademie und Psychotherapeut, lebt in Köln.

Dr. Norbert Endres, geb. 1941 in Schweinfurt, Psychologe, langjähriger Mitarbeiter von W. Salber, lebt in Erftstadt bei Köln.

Peter Franken, geb. 1959 im Rheinland bei Aachen, freischaffender Marktforscher und Therapeut, lebt in Köln.

Prof. Dr. Herbert Fitzek, geb. 1957 in Köln, Hochschullehrer an der Business School Berlin und der Universität zu Köln, lebt in Köln und Berlin.

Gudrun Gorski, geb. 1961 in Köln, Psychologische Psychotherapeutin, lebt in Köln.

Stephan Grünewald, geb. 1960 n.Chr. in Mönchengladbach, Psychologe, Autor und Mitbegründer des rheingold-Instituts, lebt in Köln.

Prof. Dr. Günter Heisterkamp, geb. 1937 in Düsseldorf, Univ.-Prof. i.R. zuletzt Universität Essen, ist Psychoanalytiker, Teamsupervisor und Organisationsberater, lebt in Ratingen.

Prof. Dr. Friedrich Wolfram Heubach, geb. 1944, Professor (habil.) der Psychologie, wohnhaft in Köln.

Gabriele Klaes-Rauch, 1960 in Köln geboren, Psychologin und Psychologische Psychotherapeutin, in Köln lebend.

Katrin Mai, geb. 1967 in London, Mitinhaberin emsulting - Institut für morphologische Wirtschaftsberatung in Köln, derzeit Ausbildung zur Körper- und Psychotherapeutin.

Thomas Pohne, geb. 1965 in Köln, Markt- und Kulturforscher, lebt in Berlin und Bad Godesberg.

Prof. Dr. Daniel Salber, geb. 1956 in Erlangen, Psychologe und Philosoph, lebt in Königsdorf.

Dr. Linde Salber, 1944 in Hinterpommern geboren, bis 2007 Dozentin an der Universität zu Köln für Pädagogische Psychologie, Analytische Intensivbehandlerin, lebt in Mecklenburg.

Prof. Dr. Rosemarie Tüpker, geb. 1953, Professorin i.R. für Musiktherapie an der Universität Münster, lebt in Steinfurt.

Susanne Wiesmann, Psychologin, gründete 2004 das Institut wiesmannforschenundberaten, lebt in Köln.

Abbildungsverzeichnis

Titel:
Sanna Nübold, 1975
Rücktitel:
Jürgen Christ, 1992
Klappe vorne:
Christa Salber, 1953
Klappe hinten:
Daniel Salber, 2016

8 privat, Ende 1960er Jahre

11, 25, 28, 33, 81, 88, 91, 96, 101, 109, 110, 115, 118, 123, 129, 130, 135, 140, 147, 150, 157, 162, 202, 226, 249: alle Fotos aus dem Wohnhaus Wilhelm Salbers in Köln-Müngersdorf von Sanna Nübold, 2017. *Die Räume, in denen Salber lebte, versammelten sein geschichtliches Denken und Sehen: sie bildeten sein „Haus aus Zeit".*

14 Zeichnung W. Salber, 2016

19 Vera Ahren, 2016

20 Zeichnung von Cruikshank

22 Henn, Ratingen 1965

34 Linde Salber, um 1970

39 Bouvier, Bonn 1972

42, 44, 49 Daniel Salber, 1993

52 Linde Salber, 1970er Jahre

57 Jürgen Christ, 1992

60 Kupferstich, William Hogarth

65 Jürgen Christ, 1992

66 Ulrich Pramme, 2003

68 Werner Spies, 1961

73 privat, um 1960

76 Franziska Endres, 2015

86 Linde Salber, 1980er Jahre

102 Gemälde von W. Salber

106 privat, 2008

120 Fotos von Susanne Wiesmann und Hans-Christian Heiling

127 Susanne Wiesmann

168 Linde Salber, Mitte 70er Jahre

171 Sanna Nübold, ca. 1975

172 – 201 Videoaufzeichnung A. Schulte, 1984

204 Katja Schäfer, 2016

209, 212 Daniel Salber, 2016

218 Privat, 1970er Jahre

223 Wolf Vostell, 1978

232 privat, 1977

236 privat, 1992

241 privat, 1975

242 Linde Salber, 1972

245 Daniel Salber, ca. 1977

246 Linde Salber, um 1970

251 Linde Salber, Anfang 1980er Jahre

288 Johann Salber, ca. 1936

Mitglied werden in der Wilhelm Salber Gesellschaft!

Die Wilhelm Salber Gesellschaft (WSG) ist ein gemeinnütziger Verein zur Förderung der von Wilhelm Salber begründeten psychologischen Morphologie.

Sie ist im Frühjahr 2017 aus der 1993 gegründeten Gesellschaft für Psychologische Morphologie (GPM) hervorgegangen und hat diese ersetzt. Die WSG ist ein Verband für alle Institutionen und Einzelpersonen, die in den Anwendungsgebieten der psychologischen Morphologie tätig sind.

Mit dem Ziel, Wilhelm Salbers Arbeiten und seine wissenschaftliche Methode zu verbreiten, hält die WSG seinen einzigartigen Blick auf das menschliche Seelenleben, auf Kunst und Kultur lebendig. Sie fördert die Weiterentwicklung der Psychologischen Morphologie und den fachlichen Austausch zwischen Psychologen.

Zu diesem Zweck veranstaltet sie regelmäßig Tagungen, Seminare und Vorträge und unterstützt die Aus- und Weiterbildung in psychologischer Morphologie. Sie fördert eine Online-Plattform, auf der sich Psychologinnen und Psychologen über neue Entwicklungen und Ereignisse informieren und austauschen können.

Die WSG hat die umfangreiche Bibliothek Salbers in Obhut genommen, um sie für künftige Studien zugänglich zu machen.

Wilhelm Salber Gesellschaft –
Gesellschaft für Psychologische Morphologie e.V.
Zülpicher Straße 83, 50937 Köln

www.psychologischemorphologie.de
Telefon: c/o Dr. Blothner: +49 221 420 1138
E-Mail: info@psychologischemorphologie.de